자기계발은 집어치우고

당장 철학을 시작하라

자기계발은
집어치우고

당장 철학을
시작하라

사카이 조 지음 | 정재혁 옮김

파르페북스

시작하며

서점에는 자기계발서들이 넘쳐나고 있습니다. 그런 자기계발서를 읽으면 자존심이 세워지고, 금전적인 성공을 얻을 수 있을까요? 결론부터 말씀드리면 대답은 NO입니다. 그렇다면 자기계발 세미나 같은 곳에 참석하면 원하는 것들을 얻을 수 있을까요? 그 대답 역시 NO입니다. 대부분 사람들은 이미 잠재적으로는 자기계발서나 세미나에서 기대하는 효과를 얻을 수 없다는 것을 알고 있습니다. 실제로 자기계발서를 신뢰하는 사람의 수는 의외로 적다는 설문 조사 결과도 있습니다.[1] 오히려 사람들은 '새로운 의견이 없다'는 등 냉정한 눈

1 　마키노 도모카즈, 《일상에 침투하는 자기계발-삶의 방식 · 수첩 기술 · 정리

으로 자기계발서의 내용을 의심하고 있습니다. 여기에서 희망을 찾을 수 있습니다. 이 책이 말하고자 하는 바가 사실은 애초 믿지도 않으면서 매달리는 자기계발을 멀리하자, 거리를 두자는 것이기 때문입니다.

물론 본래 의미에서의 자기계발이란, '자신의 생각을 바탕으로 공부를 한다'는 것이고, 이는 시대를 망라해 필요한 것이기도 합니다. 하지만 그것이 초자연적이고 수상한 데다, 과학적 사실에 기반한 것도 아니라면 매우 위험해질 수 있습니다. 이 책은 그런 본래의 의미에서 벗어난, 현대 일본 사회 내 자기계발 붐에 경종을 울리기 위해 출간되었습니다.

자기계발 비즈니스라는 건, 사실 매우 잘 만들어진 빈곤 비즈니스입니다. 빈부 격차(양극화)가 심해져 빈곤에 허덕이는 사람이 늘어날수록 돈을 버는 구조를 갖고 있습니다.[2] 영국의 사회학자 앤소니 기든스(Anthony Giddens)는 현대와 같이 여러 구조가 뒤엉킨 복잡한 사회에서는, '무엇을 할 것

정돈》, p37~40, 케이소서방, 2015년.
2   이러한 자기계발 비즈니스가 위험하게 간주된 건 《삼국지》 속에서도 확인할 수 있습니다. 《삼국지》의 영웅으로 유명한 조조 맹덕도 병과 기아에 허덕이던 시대에 유행했던 잡다한 오컬트를 단속하는 데 힘을 쏟았습니다.

인가, 어떻게 할 것인가'라는 물음에 사람들이 반응하기 쉽다고 지적하고 있습니다.[3]

일본의 현대 사회에서 자기계발을 통해 가르침을 얻고자 하는 사람의 특성으로는, 대학을 졸업한 남성, 정직원 그리고 체육 관련 모임에 소속되어 있는 사람 등을 들 수 있습니다.[4] 그런데 이 조사 결과는 조금 의외입니다. 대졸, 남성, 정직원, 체육 모임의 회원이라는 건, 일본 대기업에 근무하는 사람들의 특징으로, 즉 빈곤과 관계가 없는 이들을 가리키기 때문입니다.

따라서 이 조사 결과로부터 추측해볼 수 있는 건, 저출산 고령화로 인해 쇠퇴하는 근래 일본에선 고학력 남성과 같은 사람들조차 빈곤 위기에 직면하고 있다는 사실일지 모르겠습니다. 빈곤에 취약한 사람일수록 자기계발의 '타깃'이 되기 쉽다고 볼 때, 지금 가장 빈곤을 겁내고 있는 건 다름 아닌 대기업 종사자들인 것입니다.

3   앤소니 기든스, 《근대라는 건 어떤 시대인가?-모더니티의 귀결》, 지리쓰서방.
4   마키노 도모카즈, 《일상에 침투하는 자기계발-삶의 방식 · 수첩 기술 · 정리정돈》 p27~29.

아무튼 자기계발의 '타깃'이 되면, 그 대가는 금전적 손실만이 아닙니다. 친척이나 친구에게 고가의 상품을 팔려고 시도하다 그들과의 관계가 무너지는 일도 있습니다. 나아가 자기계발에 도취되어 있다는 건, 스스로 이성적이지 못한 사람이라는 걸 주위에 알리는 일이고, 그건 곧 사회적 신뢰를 잃게 되는 길입니다.

하지만 객관적 사실에 기반하는 과학이라고 해도 거기에는 분명 한계가 있고, 과학적인 것이 만능은 아니라는 사실을 받아들이지 않을 수 없습니다. 자기계발 비즈니스는 바로 그런 눈에 보이지 않는 것, 과학으로 증명되지 않는 것들로 구성되어 있습니다. 눈에 보이지 않는 것이기에 더욱더 믿게 되는 건 인간의 본능 중 하나일 수 있겠지요. 다만, 과학으로부터 많은 것을 구축해온 현대 사회에서 과학적인 것과 괴리가 된다는 건, 고립에 빠지는 길임에 틀림없습니다.

예를 들어 '글로 쓴 것은 현실이 된다'[5]라는 비과학적 이야

---

5   칠석에 쓰는 단자쿠(얇은 종이에 소원을 적어 작은 나뭇가지에 매단다), 신사에 봉납하는 에마(絵馬, 소원을 적어 신사에 봉납하는 그림이 그려진 작은 나무판) 등 종이에 쓴 것이 실현되지 않은 사례가 다수 있는 것을 통해, 사실이 아니라고 말할 수 있습니다.

기를 믿고, 주변 사람들에게 진지하게 권하는 이가 있다고 해봅시다. 그 사람은 자신과 같이 자기계발에 경도되어 있는 사람들(특정 커뮤니티 내부의 인물)이 아니면 관계를 맺기 힘들어집니다. 그건 곧 특정 자기계발 밖의 세계와 접점을 잃는 일이고, 이후 그 사람은 완전히 자기계발의 세계에서 빠져나올 수 없게 될지 모릅니다.

자기계발 비즈니스를 권해오는 사람들이란, 불안이 확대되는 사회적 상황과 불안을 안고 사는 사람들을 잘 엮어낼 줄 아는 이들입니다. 구체적으로 이야기하면, 한번 누군가를 자기계발의 '타깃'으로 삼으면 그 사람에 대해 외부와의 접촉을 금지하는 경우가 많습니다. 적지 않은 신흥 종교가 다른 교도와의 접점을 직간접적으로 제한하고 있는 것도 같은 맥락의 이유라고 많은 연구자는 이야기합니다.

현대 사회에서의 자기계발이란, 이러한 '가둬두기' 수법이 매우 교묘해 접점을 제한하는 것뿐 아니라, 외부 일반 사람들을 '깨치지 못한 사람'이라고 내려다보는 문화 형성의 기제로 작동하기도 합니다. 말하자면 오늘날의 자기계발은, 타자에게 우월감을 느낄 수 있는 기회를 늘려가는 것으로 '타깃'이 된 사람의 자존심을 높여주는 방식인 거죠. 뒤집어 말하면,

현대 사회란 그만큼 인정 욕구에 메마른 이들이 많다는 이야기일까요.

자기계발 비즈니스는 이와 같이 자존심이 낮은 사람들을 타깃으로 합니다. 그래서 자기계발 커뮤니티 내부의 일원들이 스스로 자존심이 높아지고 있다고 느낄 수 있는 시스템(노력에 비례해 레벨이나 스테이지가 상승하는 등의)에 공을 들입니다. 그리고 이러한 폐쇄적 커뮤니티는 그룹 내부의 멤버는 인정하지만, 외부 일반 사람들에 대해서는, 그게 친척과 같은 가까운 사람이라 할지라도 '이렇게 훌륭한 프로그램에 왜 공감해주지 않아' 하고 때로는 적대시하기도 합니다.

그렇게 시스템에 경도된 사람들은 평생을 자기계발 설계자들에 의해 관리를 당하며 살아가게 되는 것입니다. 도심 외곽에 위치한 리조트에 가면 자동판매기 음료들이 시중보다 비싸게 팔리고 있다는 걸 확인하게 되지 않나요. 바로 그와 유사한 이야기입니다.

사람을 '가둬두기'에 성공하면 돈이 벌립니다. 자기계발이 노리고 있는 것이 바로 이것입니다. 특정 사람을 세상으로부터 격리하고 유일무이한 생활 환경을 제공하면서, 경제적

경쟁을 피함과 동시에 같은 물건을 시장보다 비싸게 파는 비즈니스에 성공하는 것입니다. 동시에 '돈을 얻는 것은 행복이 아니다'와 같은 말로, 금전 감각을 둔하게 하는 교육도 빼놓지 않습니다. 심할 경우, 시장에서는 가치도 없는 상품을 아무렇지도 않게 고액에 판매하는 일까지 서슴지 않지요.

사실 제가 이 책을 쓰기로 생각한 건 저의 소중한 친구 한 명이 자기계발의 세계에 빠져 돌아오지 못하고 있기 때문입니다. 우연이지만 이 책의 편집자도 저와 같은 경험을 갖고 있습니다(그래서 더욱더 이 책의 출판이 이뤄질 수 있었을까요). 유감스럽게도 그 친구들이 이 책을 볼 일은 없을 것입니다. 제 친구의 경우 명상 세미나로 시작해(아마도 신비체험[6]이 포함된), 전생이랄지 대성하는 사고랄지, 아카식 레코드(akashic records, 원시부터 사상, 상념, 감정이 기록되어 있다고 믿는 세계 차원의 기록 개념-옮긴이)와 같은 세계로 빠져들었습니다. 그 친구와는 이제 더 이상 제대로 된 대화가 불가능한 정도입니다.

---

[6] 환상이나 환청과 같은 수상한 신비체험은 의도적으로 일으킬 수 있음이 증명되었습니다. 자기계발을 권해오는 사람들은 그걸 자신들의 주장이 옳다는 근거로 사용하고 있습니다.

이렇게 이 책은 저와 편집자의 친구가 하루빨리 이곳으로 돌아와주기를 바라는 작은 희망을 품고, 조금이라도 자기계발에 희생이 되는 사람들이 줄기를 기도하는 마음으로 시작됐습니다.

물론 일부의 자기계발에는 손쉽고 간단한 방법으로 생기를 찾을 수 있는 서플리먼트적 의미가 있습니다. 하지만 그런 세계에 너무 빠져버리면 인간관계는 제한되고, 심하게는 사회생활이 불가능해질 정도가 되어버리는 경우도 다수 있습니다. 그래서 무엇보다 필요한 건 자기계발의로부터의 적절한 거리 두기입니다. 그리고 그 적절한 거리를 위해 저는 철학이 필요하다고 생각합니다.

철학이란, 진실을 (과학적 기법에 의해) 명확하게 풀어내는 과정의 태도를 가리킵니다.

단, 여기에는 서로 다른 정의가 혼재하고, 그렇게 일괄적으로 말하지 못하는 애로사항이 있습니다. 그럼에도 이 책에서는 철학과 과학이 한 핏줄의 형제란 전제하에 이야기를 진행하도록 하겠습니다. 다만, 이건 과학이 있으면 철학은 필요 없다는 이야기가 결코 아닙니다. 과학적 교육을 받았음에도 자기계발의 세계에 걸려든 사람은 엄연히 존재하기 때문입니다.

그리고 의외라 생각할지 모르지만, 자기계발과 철학은 동전 앞과 뒤의 관계이기도 합니다. 그런 의미에서 자기계발에 빠진 사람은 철학적 소양을 갖고 있는 사람이기도 합니다. 그러므로 더욱더 이 책은 자기계발과 철학의 차이에 주목하고자 합니다.

불가해한 세계에 대해 알 수 없는 이유를 달아 타인을 이용하려 하는 것이 자기계발의 관점입니다. 반면 이해 불가능의 것들에 섣불리 이유를 달지 않고, 과학적으로 해명하고자 노력하는 것이 철학의 관점입니다. 이 두 개의 관점은 '세계는 불가해하다'라는 점에 있어 호기심의 방향을 함께하지만, 출구가 결정적으로 다릅니다.

그렇기 때문에 자기계발과 철학 사이에서 방황하던 사람이 자기계발에 경도되는 마음도 알 수는 있을 것 같습니다. 어릴 땐 누구든 오컬트에 한 번쯤 빠지기도 하니까요. 본래 인간이란 수상한 것에 관심을 갖기 마련입니다. 오컬트도 그것이 오컬트라는 걸 알고 즐긴다면, 충분히 재미있을 수 있겠지요. 물론 어디까지나 그 늪에 빠지지 않는다는 전제하의 이야기입니다.

이 세상에 악독한 자기계발 비즈니스가 존재하게 된 건, 우리 인생에는 슬픈 일들이 벌어지기 때문입니다. 하지만 그런 슬픈 일들은 시간이 흘러 돌아보면, 인생의 중요한 분기점이 되어 있는 경우가 많습니다. 전문적인 용어로 이를 심적 외상 후 성장(Post Traumatic Growth/PTG)이라고 합니다.

슬픈 일을 철학의 힘으로 극복했을 때 우리는 성장합니다. 반면 자기계발에 의지해 이겨내려 하면, 광기의 세계에 빠져 헤어나오지 못하게 됩니다. 그렇기에 더욱더 우리는 슬픈 일을 대처할 때 좀 더 신중을 기해야 합니다.

하지만 그럼에도 우리 인간은 슬픈 일을 겪었을 때 신중함을 잃는 특징이 있습니다. 슬픈 일이라는 건 인간을 파괴할 정도로 위험한 존재이고, 그로부터 조금이라도 벗어나려고 하는 게 사람의 자연적 성질이기 때문입니다. '물에 빠진 사람은 지푸라기라도 잡는다'는 말, 딱 그대로입니다.

그리고 이 세상에는 '물에 빠진 사람에게 지푸라기를 파는' 자기계발이, 수법과 (파는) 물건을 바꿔가며 오랜 시간 존재해왔습니다. 여기서 팔고 있는 지푸라기란, 어느 하나 예외 없이 손쉽고 수상해 보이는 물건입니다. 보통의 경우라면 누구도 그런 지푸라기를 잡지는 않겠지요. 하지만 힘든 상황에 처할 때 우리는 그것이 수상하다 하더라도 믿고 싶어집니다. 지푸라기를, 자기계발이란 수상한 물건을 붙잡아버리는 일이 벌어지는 것입니다.

　이 책이 현대 일본 사회의 많은 자기계발을 '물에 빠진 사람에게 지푸라기를 파는 장사'라고 고발하는 것은 아닙니다. 슬픔을 극복하는 '진짜' 방법으로서, 철학의 길을 제시하는 것에 이 책의 역할이 있습니다. 반복해 이야기하지만, 이 책에서 자기계발은 본래의 의미인 '스스로의 의사(意思)로 공부하다'로 사용하고 있지 않습니다. 대상이 무엇이든 공부를 한다는 건 매우 중요한 일입니다. 다만, 문제는 그 행위(공부)가 무엇을 전제(前提)로 하고 있느냐에 있습니다.

　이 책에서는 '지푸라기를 잡는 사람'과 진정한 구원에 이르는 사람의 근본적 차이에 대하여 반복해 경고하고 있습니다. 가장 큰 차이라면, 답을 자신의 내면에서 찾으려는 사람은 지푸라기를 잡지만, 답을 외부에서 찾으려고 하는 사람에겐 철학이라는 구제 가능성이 있다는 점입니다.

　자신의 내면만 바라보고 자신의 가능성을 믿으면 믿을수

록 얄팍한 자기계발 비즈니스의 함정에 빠지게 됩니다. 자신의 내면에 잠자고 있(다고 믿)는 가능성 따위, 포기해야 합니다. 당신이 100미터 달리기를 10초 안에 뛴다는 것을 포기하는 것과 마찬가지로, 자신이 역사에 이름을 남길 무언가가 될 거라는 희망 역시 포기해야 하는 것입니다.

그리고 여기서 잠깐, 오해를 피하기 위해 '포기하다'는 말의 원점에 대해 조금 이야기하겠습니다. 포기한다는 것은 본래 '명확하게 하다'라는 의미를 갖고 있습니다. 그 뿌리인 산스크리트어로는 진리를 의미합니다. 그러니까 포기한다는 건 본래 네거티브한 의미가 아닙니다. 자신을 포기하는 건 곧 자신에 대한 집착을 버리는 것이고, 무아(無我)의 중요성은 많은 철학자가 이야기하는 공통된 결론 중 하나입니다.

소크라테스[7]는 이를 '무지(無知)의 지(知)'라 불렀고, 신란[8](가마

---

7   소크라테스(기원전 460년경~기원전 399년경)는 고대 그리스 시대 철학자로 철학의 아버지라 불립니다. 저작을 남기지 않은 탓에 현대에 전해지는 소크라테스에 관한 정보나 사상은 플라톤을 필두로 하는 제자들의 업적에 의한 결과들입니다.

8   신란(1173년~1263년)은 정토신앙의 개척자로 알려진 승려입니다. 자신에 관해 밝힌 것이 거의 없는 탓에 불명확한 점이 많이 남아 있습니다. 스스로의 힘에 의한 득도를 부정했고, 부처를 믿는 것만이 구원에 이르는 길이라고 주장했습니다.

쿠라 시대 일본의 불교승)은 '타력본원(他力本願, 내 힘이 아닌 타인에 의지해 일을 성취한다는 말)'이라고 이야기했습니다. 말하자면, 자신은 진실을 찾기에 부족한 존재이고, 자신에게 기대를 하는 건 무의미하며, 그렇기에 포기하는(진리를 명백하게 하는) 것이 좋은 인생을 보내는 중요한 첫걸음이라는 것입니다.

슬프다는 건 허무하다는 감각 속에 있는 감정입니다. 그리고 철학은 그 허무하다는 감각을 초월하기 위해 인류가 쌓아 올린 지(知)의 체계를 갖추고 있습니다(그런 이유로 허무하다는 감각은 중요시됩니다). 그런 철학의 첫걸음은 자신에게 기대하지 않는 것, 바로 거기서 시작됩니다.

차례

제2장 '신이 존재하는가' 라는 문제 ～～～～～

제3장 **철학으로의 초대**

제 1 장

자기계발을
포기하다

스스로 진실을 외면하고
아이들에게 진실을 말할 수 있겠는가.

〜〜〜〜〜〜〜〜〜〜

| 미야자와 겐지 |

01.
현대의 일본 사회에서
자기계발이 유행하는 이유

•쇠퇴하는 사회에서의 살아남기 경쟁•

　젊은 사람들의 행동 패턴이 크게 변화하고 있다고 느낍니다. 좋은 대학을 나오고 유명한 대기업에 취직하는 걸 오히려 피하고 있는 경향도 보입니다. 하지만 그 이유는 사실 매우 심플합니다. 성장을 유지하던 과거의 일본은 완전히 소멸하고, 앞으로의 일본은 만성적 쇠퇴를 경험하게 될 것이기 때문입니다. 젊은 세대는 그런 험난한 미래를 내다보고, 살아남기 위해 고난을 하나의 생명체로서 진지하게 체감하고 있는 것입니다. 하지만 앞으로의 일본이 그저 쇠퇴하는 것이 아닙니다. 인공지능(AI)의 등장으로 많은 산업들은 붕괴하고, 고용은 점점 줄어들게 됩니다. 우리는 이제 그저 살아남는 것조차 힘겨운 시대에 돌입하는 것입니다.

인공지능이 본격적으로 인간의 일자리를 빼앗기 시작하기까지, 남은 시간은 얼마 되지 않습니다. '미쓰비시종합연구소(三菱總研)'에 의하면, 인공지능으로 인한 고용 손실은 2030년까지 730만 명에 달한다고 합니다.[9] 하지만 그 얼마 남지 않은 유예기간 동안 일상의 방어를 위해 우리가 할 수 있는 건 자산 형성 외에 별로 떠오르지 않습니다. 변화에 민감한 젊은 세대가 초조해하는 이유도 여기에 있겠지요.

그러나 아무리 그렇다고 해도 미래라는 건 불확실한 시제입니다. 혹시 인공지능의 영향이 적을지도 모릅니다. 차표를 사는 건 자동판매기로 대체된다고 하고, 계산은 자동화되었

9　일본경제신문사, 〈미쓰비시종합연구소 결산 20년 후반 이후 구인구직 시장의 일변도〉. 2018년 7월 25일 기사에 따르면, 인공지능으로 인해 730만 명의 고용이 상실되고, 인공지능 기술 개발 분야에서 400만 명의 고용이 새로 창출될 것으로 기대됩니다. 다만, 인공지능으로 인해 일자리를 잃은 사람이 그 기술 개발직에 종사한다는 것은 불가능하기에, 상실된 고용을 단순히 창출된 고용으로 커버할 수는 없겠지요.

고, 근미래에는 택시와 같은 수단도 무인화될 거라는 건 의심의 여지가 없지만, 인공지능이 어디까지 인간의 '직업'을 앗아갈지는 지금 상황에서 정확히 알 수 없습니다. 물론 그렇다고 지금과 같은 상황을 느긋하게 보고만 있을 수는 없겠지만요.

인구의 측면에서 시장 축소 문제도 심각합니다. 국토교통성의 계산에 의하면 2050년 일본의 60%가 넘는 지역의 인구가 절반 이하(2010년과 비교 시) 수준으로 떨어진다고 합니다.[10] 나아가 2100년에는 일본의 인구가 5천만 명을 밑돌 가능성도 지적되고 있습니다.[11] 하지만 지금과 같이 단순히 출산율을 올리는 방법으로는 저출산 고령화 사회의 인구 감소를 막을 수 없습니다. 인구 비중이 가장 큰 단카이 주니어 세대(1971년~1974년 출생한 세대)가 생물학적으로 출산할 수 있는 연령(43세 전후로 간주되는)은 얼마 남지 않았기 때문입니다. 그리고 출산율이 조금 오른다고 해서 지금과 같은 상황을 역전시킬 수도 없을 것입니다.

또 하나의 악조건은 일본의 사회 복지는 인구가 증가한다

---

10 국토교통성, 〈새로운 '국토 그랜드 디자인' 참고자료〉, 2014년 3월 28일.
11 국토교통성, 〈국토의 장기 전망에 대한 검토 방향성에 대하여〉, 2010년 12월 17일.

는 것을 전제로 만들어져 있다는 것입니다(부과방식賦課方式, 퇴직 후 수령하는 연금을 일하는 세대가 납입하는 보험료에서 징수하는 방식-옮긴이). 현역에 종사하는 세대가 고령자 세대를 지탱하는 구조로 되어 있습니다. 하지만 저출산 고령화 사회에서 이와 같은 시스템은 작동하지 않습니다. 앞으로의 일본은 점점 인구가 줄어드는 것에 그치지 않고, 사회 복지 후퇴와 더불어 급속하게 침몰하게 될 것입니다. 그렇게 일본 전체가 비참한 국면에 돌입하고 있습니다.

•일하는 방식이 애매해지고 있는 지금, 스스로 자신의 미래를 생각하다•

오래전 먹지 못해 비쩍 마른 아이의 사진을 보고 '외국은 참 힘들겠다'고 생각했던 적은 없나요. 실제 현재 세계에서는 약 8억 명의 사람(9명 중 1명)들이 굶주림에 허덕이고 있습니다. 인류는 굶지 않는 세계 구축에 실패했고, 기아에 시달리는 인구는 오히려 (경제 발전 이전 시대보다) 늘어나고 있습니다. 그런데 여기서 주목해야 할 것은, 지금 세계에는 선진국과 개발도상국 사이의 수평화(선진국의 기득권이 줄고 개발도 상국과의 차이가 적어지는 현상)가 확대되고 있다는 것입니다. 말하자면 이런 기아는 먼 나라 누군가의 이야기가 아니라, 앞으로 일본에도 분명 찾아올 것이라는 말입니다. 남의 집에 난 불이 우리 집에 불똥이 되어 날아올 수 있다는 사실을 유념해야 할 필요가 있습니다.

쇠퇴 일로를 걷고 있는 지금의 일본에서 살아가는 한, 지금과 같은 방식으로는 결코 살아남지 못합니다. 일본이란 국가가 과연 계속 존속할 수 있을지조차 장담할 수 없는 상황입니다. 젊은 세대는 침몰해가는 타이타닉호 안에서 선배에게 청소 방법이나 배우고 있을 여유가 없습니다. 그들은 어떻게든 살아남기 위해 스스로 자신의 미래를 생각하는 속성을 갖추기 시작했습니다. 그들이 '기존의 안정'이 아닌 '앞으로의 생존'으로 행동 방향을 전환한 지금, 일본은 술렁입니다. 노동의 의미는 애매해져 혼돈에 빠졌고, 노동 시간이 줄고 있다는 건 언젠가 제로(실업)로 수렴할 거라는 불길한 징조이기도 합니다.

'일하는 방식 개혁(노동자의 처우와 노동 환경의 개선을 기조로 한 노동 개혁 개정법안, 2019년 4월부터 시행됐다-옮긴이)'에 의한 '잔업을 할 수 없는 환경'의 등장은, 실질적 임금 저하를 불러옵니다. 일반 노동자와 제한 없이 일할 수 있는 경영자 사이에 무시할 수 없는 경험 격차를 만들어버립니다. 그리고 이 경험 격차는 그대로 임금의 격차로 이어지고, 그것이 빈부 격차(양극화)의 원인이 된다는 건 굳이 말할 필요도 없겠지요.

예를 들어, 기아에 허덕이는 사람에게 '하루 8시간 이상 낚시를 해서는 안 된다'는 노동 제한이 얼마나 잔혹할지 생각해보시기 바랍니다. '일하는 방식 개혁'은 얼핏 노동자를 위해 설계된 듯 보이지만, 그건 어디까지나 노동자에게 경제적 여유가 있을 때의 이야기입니다. 그리고 앞으로의 일본에서 경제적 여유가 있는 노동자란, 점점 유명무실한 존재가 되어 갈 것입니다. 그런 상황에서 지금 일본에선 '일하는 방식 개혁'이란 이름의 노동 제한이 행해지고 있는 것입니다.

노동자의 불안은 커지기만 할 것입니다. 그럼에도 이렇다 할 만한 해결책은 보이지 않습니다. 통계적으로 생각해도 나역시 언젠가 빈곤층이 되어버릴 수 있다는 미래를 염두에 둘 필요가 있습니다. 잔혹하게도 통계란 우리의 미래를 참 잘도 예언합니다.

확실한 건 일본이 침몰하기 이전, 충분한 자산을 마련하지 못한 사람부터 비참한 상황에 빠지게 된다는 것입니다. 많은 데이터가 일본 사회는 쇠퇴를 거듭하며 격차가 점점 확대될 것이라고 이야기하고 있습니다. 그리고 그때, 격차의 우위를 차지하는 부유층이라 해도, 그들은 부를 누리고 있는 것이 아니라 불안을 피하려 그저 애를 쓰고 있을 뿐이라는 것입니다.

사실 일본의 현대 사회가 경험하고 있는 이러한 상황은 인류 역사상 처음 있는 일은 아닙니다. 과거 로마 문명, 한나라 문명, 메소포타미아 문명 등 고도로 발달하고 풍요로움을 누렸던 문명도 그 이전에 멸망한 문명의 전철을 밟아왔습니다. 그리고 이는 모두 과거의 어떤 위대한 문명도 막지 못했던 양극화로 인해 좌초된 일이라 볼 수 있습니다.[12]

수천 년이란 시간은 인간의 유전자에 거의 영향을 주지 않습니다. 인간은 본질적으로 변화하지 않는 존재라고 한다면,

---

12 Nafeez Ahmed, 〈Nasa-funded study: industrial civilization for 'irreversible collapse'?〉, the Guardian, March 14, 2014.

지금 우리의 문명도 언젠가 과거와 동일한 이유로 멸망할 수 있는 것입니다.

　지금 일본이 처한 이 위기에 대해 둔감한 사람도 있겠지요. 동시에 민감하게, 때로는 과하게 반응하는 사람도 있습니다. 그리고 이 위기감은 비즈니스가 됩니다. 타이타닉호가 침몰해버리기 전에 조금이라도 빨리 구명보트가 되어줄 자산을 형성해야 하는 만큼, 1차적으로는 자산 형성에 도움이 될 것 같은 자기계발이 유행하겠지요. 그리고 그게 자산 형성을 넘어 운기(運氣)가 상승한다는 이야기까지 옮겨가면, 완전한 오컬트이자 '물에 빠진 사람은 지푸라기도 잡는다'라는 세계에서 지푸라기를 파는 비즈니스가 되는 것입니다.

•말기적 환경에는 자기계발이 파고든다•

인간을 포함한 일부의 영장류는 정말 원하는 것을 갖지 못했을 때, 그 대상을 '시시한 것'으로 간주하거나, '더 소중한 다른 무언가'를 정의하고 그쪽으로 의식을 돌리는 특징이 있습니다. 이를 전문적인 용어로는 적응 기제(適應 機制, 적응 메커니즘)라고 말합니다.

가령 좋아하는 사람에게 고백을 했는데 실패를 했다면, 좋아하던 사람을 '시시한 인간'이라며 잊으려 하는 것도 적응 기제의 한 예입니다. 그리고 이러한 적응 기제를 악용해, 그럴듯해 보이지만 사실 알맹이는 없는, 그야말로 속 빈 강정의 자기계발이 다수 생겨납니다. '돈에 좌우되지 않는, 정신적으로 풍부한 생활'을 보낼 수 있다는 달콤한 말들로 위장한 채 말이죠.

이런 말기적 환경에서는, '불안(Fear)', '불확실성(Uncertainty)', '의심(Doubt)'의 첫 글자를 따 FDU라는 마케팅 수법[13]이 자주 이용됩니다. 플라시보(偏藥, 가짜 약) 효과[14] 외엔 아무런 쓸모도 없는 것들이 버젓이 팔리고 있는 건, 바로 이런 배경에 이유가 있습니다. 그리고 FDU에 걸려드는 사람은 어떤 의미에서 보통의 사람보다 위기에 민감한 사람이라고 말할 수 있습니다. 그렇기 때문에 더욱 FDU의 '효과'가 좋습니다. 하지만 그렇게 손에 넣은 자기계발(지푸라기)로는 위기를 회피할 수 없다는 사실을 잊어서는 안 됩니다.

---

13 소비자와 대중의 '불안, 불확실함, 의심'을 부추기는 것으로 자사의 목적을 달성하는 마케팅 수법을 가리키는 용어입니다. 지금이 아니면 가질 수 없다는 식으로 타이밍을 강조하거나, 당신은 특별하다는 말과 같이 (상품의) 수가 제한되어 있음을 강조합니다.
14 플라시보 효과(위약 효과)는 약으로 효과가 없음에도 불구하고 복용하는 사람이 효과가 있다고 믿는 것으로 인해 실제 무언가의 긍정적 효과가 얻어지는 현상을 의미합니다.

물론 장사치와 같은, 자기계발을 파는 쪽도 (시작했을 초기엔) 죄책감을 갖는 경우가 있습니다. 하지만 그런 죄책감은 어느새 옅어지고, 머지않아 사기에서 손을 뗄 수 없는 지경이 되어버립니다. 지금과 같은 시대에서는 사기꾼조차 자산 형성을 서두르지 않으면 자신의 미래가 위험해지기 때문입니다.

결국은, 물에 빠진 사람에게 지푸라기를 파는 사람도 그 물에 빠져 있다는 것입니다. 자기계발을 건네오는 사람들은 오늘도 자기계발을 악용해 자신의 자산 형성을 이루고, 자신의 구명보트를 확보하려 애를 쓰고 있습니다.

이러한 자기계발을 이용한 마케팅은 점점 확대되고 있습니다. 그로 인해 발생한 희생자의 돈은 자기계발 작업꾼의 구명보트가 되어줍니다. 얄궂게도 자기계발은 그렇게 적지 않은 고용도 만들어내고 있습니다. 자기 자신이 팔고 있는 게 지푸라기라는 걸 인식하고 있다면 아직 기회는 있습니다. 하지만 자신의 행동이 정말 선의라고 생각하거나, 혹은 별생각 없이 자기계발로 장사를 하는 사람도 다수 존재합니다.

사회 불안을 조장하는 것으로 자기계발의 수요는 높아집니다. 그곳에 큰 수요가 존재하기 때문에 자기계발을 장사로 삼는 사람을 규제하는 건 어렵습니다. 그렇다면 우리는 모두 개인의 차원에서 자기계발에 대한 경계심을 높여갈 수밖에 없습니다.

02
자기계발로는 금전적 성공을
얻을 수 없는 이유

•금전적 성공의 불합리한 진실•

사회 불안이 높아지는 가운데 자기계발은 직간접적으로 금전적 성공(자산의 형성)의 효과를 주장합니다. 늘어나는 수 많은 가상 통화와 관련된 다수의 그룹도, 어떤 의미에서는 여지없이 자기계발 비즈니스라 말할 수 있습니다. '골드러시에는 곡괭이를 팔아라'[15]라고 하는 것처럼, 가상 통화 시장에는

---

15 새로운 금맥이 발견되면 많은 사람들이 금을 캐러 몰려듭니다. 그 기세를

'가상 통화로 돈을 버는 방법'이라는 (정보) 장사의 소재가 봇물처럼 쏟아져 나옵니다. 하지만 간단히 돈을 벌 수 있는 법을 알고 있는 사람이 그것을 타자에게 유료로 제공한다는 건 이상한 이야기입니다. 당연한 말이지만, 정말 간단히 돈을 벌 수 있는 방법을 알고 있다면 본인이 실행하면 될 일이기 때문입니다.

그리고 주의해야 할 것은, 금전적 풍요로움을 부정하고 정신적 고양을 주장하는 듯한 자기계발조차 어떤 의미에서는 돈에 대한 집착을 비즈니스 소재로 활용하고 있다는 것입니다. 예를 들어, '현세에서의 성공으로부터 자유로워진다'라는 유혹적 문구는, 성공에 집착하고 있는 사람들을 타깃으로 하고 있습니다. 그렇게 생각하면 그것이 정말 자기계발인지 아닌지는 성공을 긍정하든 부정하든, 주위에 '수상한 돈 냄새'가 풍기는지의 여부로 판단할 수 있을지도 모르겠습니다.

결국, 아무리 열심히 자기계발에 매진한다 해도 금전적 성공은 물론 정신적 고양도 이뤄낼 수 없습니다. 정말로 효과가

골드러시라고 이야기합니다. 하지만 골드러시가 발생했을 때, 진짜 돈을 버는 사람은 금을 캐기 위해 필요한 곡괭이를 파는 장사꾼입니다. 정작 곡괭이를 산 사람이 금맥을 찾는 일은 불가능합니다. 이미 다른 사람들이 금을 모조리 캐 갔기 때문입니다.

있는 것이라면 이미 세계 학자들 사이에서 과학적 검증의 대상으로서 연구의 테마가 되어 있을 것입니다. 그럼에도 자기계발을 권해오는 사람들은 앞이라도 내다본 것인지 멋대로 '세계에서 인정받고 있다'는 거짓 선전도 합니다. 이건 정말 위험한 상황입니다.

이렇게 진위를 가린다는 건 점점 어려워지고 있습니다. 자기계발은 스스로 악덕업자라는 걸 감추기 위해 과학적 권위를 이용하고 있기 때문입니다. 그런 권위의 대표적인 예는, 학력에 대한 집착입니다. 단체의 대표를 포함해 주요 멤버의 학력을 강조하거나, 학력이 높은 사람으로부터의 추천을 내세우는 등 형태가 다양합니다. 만약 학력이 부족할 때는 디플로마 밀[16]을 발행하는 해외 대학에서 가짜 학위를 사오는 경우도 있습니다. 해외 대학이라면 그 대학이 실제 존재하는지의 여부를 판단하는 게 용이하지 않기 때문에, 한때 이런 위조 학위 장사가 크게 돈이 되었습니다.

---

16 돈으로 허위 학위를 살 수 있는, 정식 대학 행세를 하는 기관으로, 인증 기관으로부터 정식 인증을 받은 것처럼 포장합니다. 그곳에서 수업은 대부분 이뤄지지 않고, 이력서만으로도 석사, 박사 학위가 발행됩니다. 기간의 명칭은 유명 대학의 이름을 차용하고 있는 곳이 많고, 교직원의 정보는 없는 것이 일반적입니다. 일본에서도 디플로마 밀을 활용해 대학 교직원이 된 경우가 있어서 화제가 된 바 있습니다.

잠깐, 여기서 자기계발 입장에서 불리한 사실 몇 가지를 짚고 넘어가겠습니다. 일반적으로 금전적으로 성공한 사람, 자산 형성에 성공한 부유층의 특징은 익히 알려져 있습니다. 간단히 정리하면 일본에서의 부유층의 특징이란,

① 영어 능력을 가진 사람
② 학술서를 많이 읽고 있는 사람
③ 부모도 부유층

이 세 가지입니다. 자기계발을 배웠다는 얘기는 어디에도 없습니다.

우선, '영어를 할 수 있는가 아닌가'란 항목을 보면, 남성은 18%, 여성은 40% 정도 소득 격차가 발생합니다.[17] 현대 사회는 세계 인구의 절반이 영어를 쓰는 시대입니다. 일본은 급격한 인구 감소로 국내 시장이 위축되고 있지요. 그런 현대 사회에서 영어를 할 줄 모른다는 건, 당연히 장사에 불리한

17　2005년 11월《아사히신문》에서는 일과 영어를 잘하는 사람은 잘하지 못하는 사람에 비해 여성은 40%, 남성은 18% 연 수입의 격차가 있다고 보도한 바 있습니다.

조건이 됩니다(다만 앞으로 자동 번역이 발전할 것을 생각하면, 영어 능력의 유효성도 미약해질 가능성이 클 거라 생각됩니다만).

다음으로, 독서량과 연 수입에 상관관계가 있음을 지적하고 있습니다. 특히 부유층일수록 학술서를 많이 읽고, 수입이 적을수록 자기계발서나 만화를 읽고 있다는 조사 결과가 있습니다.[18] 애초 자기계발에 빠져 있다는 건, 연 수입이 적은 사람(또는 앞으로 낮아질 사람)의 특징인 것입니다. 그리고 이는 자기계발이 빈곤 비즈니스임을 뒷받침해주는 이야기이기도 합니다. 더불어 부유층은 저자 이름을 보고 책을 고르는 데 반해 수입이 낮은 사람은 책의 타이틀을 보고 고른다고도 합니다.

마지막으로, 부모가 부유층이면 자녀도 부유층이 될 확률이 높다는 것은 많이 알려진 사실입니다. 근본적인 배경으로는, 투자로 얻을 수 있는 리턴의 성장률이 노동으로 가질 수 있는 부의 성장률보다 크기 때문입니다.[19] 반갑지 않은 이야기지만, 이건 평생 열심히 일하는 것보다 주식이나 토지에 투자하는 편이 생산성이 높다는 의미이기도 합니다. 부모가 부유

---

18 《PRESIDENT》, 2012년 4월 30일호.
19 토마 피케티, 《21세기 자본》, 미스즈서방, 2014년 12월 6일.

층이면 상속받은 재산을 투자에 돌릴 수 있겠지요. 그만큼 투자하지 않고 평범하게 일하는 사람보다 효율적으로 재산을 불릴 가능성이 더 큽니다. 역설적이게도 투자에 돈을 쓸 수 있을 만큼의 수입을 가진 사람이, 그렇지 않은 사람보다 월등히 유리해지는 것입니다.

세계의 전체 부(富) 중 82%는 1%의 부유층이 소유하고 있다고 합니다.[20] 그리고 이런 부의 편중은 위와 같은 불합리한 구조로 인해 더욱 강화될 것이라 단언할 수 있을 것입니다.

당신의 부모님이 부유층이 아니라고 가정해봅시다. 하지만 당신이 그에 굴하지 않고 영어를 공부하고 학술서를 많이 읽으면 언젠가 부유층이 될 수 있을까요. 물론 가능성을 완전히 부정할 순 없겠지만, 여기엔 큰 의문이 하나 있습니다. 부유층의 특징이라고 하는 게 과연 부유층이 될 수 있었던 원인인가, 아니면 결과인가라는 것입니다.

먼저, 부모가 부유층이라면 아이가 부유층이 된다는 건 간단한 이야기입니다. 이는 앞서 이야기한 바와 같이 객관적으로 증명되어 있습니다. 말하자면, 부모가 부유층이라는 것이

---

20 《아사히신문》, 〈세계 부의 82%, 1%의 부유층에 집중, 국제 NGO 결산〉, 2018년 1월 22일.

원인이고, 자녀가 부유층이 된다는 것은 결과입니다.

그렇다면 영어 능력과 학술서를 읽는 습관에 대해서는 어떨까요. 영어 능력이 뛰어나다고 부유층이 될 수 있을까요. 아니면 부유층이 될 만큼의 지력(知力)과 환경이 갖추어져 있기에 영어도 잘할 수 있는 것일까요. 현실은, 지력과 환경이 원인이고, 영어 능력이 있고 없느냐는 그저 결과에 지나지 않을 수도 있다는 것입니다.

어릴 때부터 사립학교에서 학창 시절을 보낼 경우, 선생님을 포함해 동급생 중에도 외국인 유학생을 접하는 게 드문 일이 아닙니다. 사립학교에선 외국 유학의 기회도 많습니다(유학을 알선하는 업자도 다수 개입되어 있기 때문에). 동아리 활동 역시, 실적이 좋지 못해도 해외 원정을 가기도 합니다. 그리고 무엇보다 해외 대학으로의 진학 기회가 사립학교에서 월등히 많습니다. 하지만 이렇게 어릴 때부터 해외를 몸으로 직접 체험하며 자라는 아이가 있는 한편, 여권을 갖고 있지 않은 사람도 꽤 있습니다. 여권을 소지하고 있는 일본인의 비율이 고작 23.5%라고 하니까요(외무성, 여권통계 2018년 11월 11일 시점). 참 초라한 숫자입니다.

그럼 학술서를 읽는 습관에 대해서는 어떨까요. 학술서를 많이 읽으면 부유층이 될 수 있을까요. 아니면 평소부터 학술서를 읽을 수 있는 지력과 환경을 갖추고 있기에 부유층이 될 수 있는 것일까요. 이에 대해서도 답은 전과 같이, 지력과 환경이 원인, 학술서에 익숙해지는 건 결과인 것처럼만 느껴집니다.

애초 전문적인 학술서를 읽는 습관이라는 건 그렇게 간단히 만들어지지 않습니다. 먼저 기초적 학력이 있어야 하고, 주변에 충분한 학술서가 갖춰진 환경 또한 필요합니다. 하지만 그런 지적으로 풍부한 환경이라는 건 일반적으로 그렇게 흔한 일이 아닙니다.

지적 사회가 되어 있는 지금, 책장에 학술서 한 권 없는 집에서 자란 사람과 학술서가 가득한 가정에서 태어나 자란 사람 사이에 격차가 발생하는 건 당연한 이야기인 것입니다.

•손쉽게 '복권에 당첨되는 방법'은
존재하지 않는다•

애초 부모가 부유층인지 아닌지 하는 건 자신이 결정할 수 있는 문제가 아닙니다. 인간의 지적 능력 또한 대부분 유전에 의해 정해진다는 사실이 밝혀져 있습니다.

그에 더해 또 하나의 불합리한 사실을 이야기해보겠습니다. 우리 수입의 42%나 되는 부분은 유전에 의해 정해진다는 조사 결과가 있습니다.[21] 태어나고 자란 가정(공유 환경)의 영

---

21 David C. Rowe, et al., 《Hernstein's Syllogism: GEnetic and

향은 8%라고 하는데, 그걸 모두 더하면 수입의 무려 50%나 이르는 부분이 본인의 능력 밖, 자신의 책임 밖의 일이라는 것입니다.

즉 말하자면 수입의 절반까지는 아무리 노력을 해도 (아마도) 어떻게도 되지 않습니다. 나머지 절반은 스스로의 힘으로 이룰 수 있는 부분이 있을지 모르지만, 거기엔 상사나 후배 그리고 일의 내용과 같이 우리 힘으로는 컨트롤할 수 없는 것들(비공유 환경의 영향)이 포함되어 있음을 잊어서는 안 됩니다.

물론 부모가 부유하지 않아도, 지적 능력이 뛰어나지 않아도, 어려운 환경임에도 성공을 하는 사람은 있습니다. 다만 그런 건 통계적으로 복권에 당첨되는 것과 같이 예외에 불과한 일입니다. 그리고 '복권에 당첨되는 방법'이라는 건, 수상한 자기계발 비즈니스로 빠지는 전형적 시작이기도 합니다. 여타 자기계발들 역시 '복권에 당첨되는 것과 같이 통계적 예외가 되는 법'을 팔고 있는 것이기 때문에 그런 점에서는 결국 '그 나물에 그 밥'인 것입니다.

거듭해서 하는 이야기입니다만, 자기계발이라는 것은 사

Shared Environmental Influence on IQ, Education, and Income》, Intelligence, 26(4), p405~423, 1998.

람의 '막연한 불안'을 먹이로 삼는 빈곤 비즈니스입니다. '여기가 아닌 어딘가'를 찾는, 발버둥 치는 사람을 뒤에서 비웃고 있는 사람들에 의해 성립되는 사기입니다.

어쩌면 자기계발을 계기로 성공하는 사람도 있을지 모릅니다. 하지만 그런 사람은 자기계발을 하지 않았어도 성공했을 가능성이 큽니다. 최소한 부유층의 사람들은 자기계발 같은 것에 흥미도 갖지 않습니다. 애초 그들은 자기계발에 손을 댈 필요조차 없기 때문에 부유층이기도 한 것이겠지요.

제가 이야기하고 싶은 건, 금전적 성공을 목적으로 하는 자기계발을 위해 비과학적 노력을 계속하는 건 그만두는 편이 득이라는 것입니다. 통계적으로 입증된 조건을 갖추지 못한 사람이 성공을 한다는 건, 복권에 당첨되는 것과 같이 확률적으로 매우 힘들다는 사실을 받아들이지 않으면 안 됩니다.

침몰해가는 일본에서 살아가는 우리의 삶은, 나라 전체가 추락하고 있는 것이기에 회복되지 못할 가능성이 큽니다. 모두가 승선한 배가 침몰 중인 가운데 혼자만 밝은 미래를 그린다는 건 그야말로 어불성설에 다름없습니다.

혹시나 싶어 이야기합니다만, 대부분의 사람들은 사회 중역에 발탁되지 못하고, 창업을 해도 실패하고, 복권에도 당첨되지 않습니다. 이미 오래전부터 우리 모두가 알고 있는 사실입니다. 현실에서 성공이란 바늘구멍과 같고, 그 좁은 문을 통과하기에는 운이 필요하다는 것을 우리는 어딘가에서 체득했을 것입니다.

하지만 그럼에도 저 개인적으로는 영어를 공부하고, 학술서를 읽으면서 전문성을 갖추고, 적은 금액이라도 투자를 하는 편이 좋다고 생각합니다. 자격증 공부까지 하면 더 좋겠지요. 할 수만 있다면 실패할 리스크를 각오하고 창업을 경험해보는 것도 좋을지 모르겠습니다.

하지만 나 자신의 노력이라는 건 여기까지입니다. 그다음으로 생각해볼 수 있는 건 기껏해야 매일매일 성실하게 열심히 일하는 것 정도입니다. 다만 침몰하는 시대에 이런 것들은 그저 살아가기 위한 필요조건일 뿐, 금전적 성공을 위한 충분조건과는 거리가 멉니다. 그렇기 때문에 자기계발에 시간을 소비한다는 건 금전적 성공에 일말의 쓸모가 없을 뿐 아니라, 살아가는 데 방해가 됩니다. 그럴 시간이 있다면 진지하게 업무와 관련된 공부를 하는 쪽이 훨씬 현명한 선택일 것입니다.

만약 당신이 수험생이라면 상황에 따라 '지망 학교에 합격하기 위한 방법' 같은 것을 공부하는 게 좋을지 모르겠습니다. 하지만 본질적으로는 국어 · 수학 · 영어 · 과학 · 사회를 공부해둘 필요가 있습니다.

자기계발 비즈니스라는 건, '손쉽게 지망 학교에 합격하는 방법'이 있다고 주장하는 것과 같습니다. 하지만 그런 자기계발의 효과라면, 중독성 강한 기분 전환 외에는 아무것도 없습니다.

03
절망을 피하지 않고, 철학을 하다

•절망을 받아들이고
얼마 되지 않는 진실과 함께 살아가다•

금전적 성공이란 누구나 이룰 수 있는 게 아닙니다. 인공
지능 기술이 더 발전하게 되면, 성공은커녕 누구든 빈곤에 빠
질 수 있는 상황이 초래됩니다. 하지만 그건 자신의 노력이
부족해서가 아닙니다. 어디까지나 구조적 확률이 만들어낸,
현실적 시스템에서 비롯되는 이야기입니다. 이런 진실을 마
주하면, 누구든 절망이란 말밖에 떠오르지 않겠지요.

절망에서 벗어나기 위해 자기계발을 하며 남은 인생을 살아가는 건, 물론 자유입니다. 하지만 그건 분명 밑 빠진 독에 물을 계속 부어가며 살아가는 인생이 되어버릴 가능성이 큽니다. 그런데 그 반대편에는 엄습해오는 절망과 마주하고 얼마 되지 않는 진실을 쌓아가며 살아나가는 길도 있습니다. 그리고 그것이 (저에게 있어서는) 철학입니다.

키르케고르[22]의 말을 빌리면, 절망이란 나를 컨트롤하고 있다고 믿는 이성이 존재한다는 인식(자기의식)이 만들어내는 것입니다. 말하자면 (금전적이든 무엇이든) 성공을 위해 이성적으로 노력하고 살아갈 수 있다는 인식이 절망을 낳는다는 것입니다. 키르케고르는 이를 '죽음에 이르는 병'이라 이야기했습니다.

저의 경우는, 이성은 욕구를 컨트롤하는 주인공이 아니라, 욕구 그대로 움직이고 있는 나를 바라보고 있는 관객에 지나지 않는다(다소 극단적이지만)고 생각하는 편입니다.[23]

---

22 키르케고르(1813년~1855년)는 덴마크 철학자로 실존주의의 창시자라고 불립니다. 실존주의란, 객관적으로 관찰할 수 있는 존재로서의 인간이 아닌, 주관적으로 느끼는 자기 자신을 사고의 대상으로 삼는, 어떤 측면에서는 자기계발에 가까운 철학 분야입니다.

23 이 관점은 자유의지의 존재 자체를 부정한 미국의 심리학자 벌허스 스키너의 사상에 가까운 것입니다. 이러한 생각은 과거의 경험에서 잘되었던 일은

예를 들어, 영어 공부를 하고 학술서를 읽고, 투자에 대해서도 잘 알고 있는 편이 좋다는 것을 인지하고 있다고 해봅시다. 하지만 그럼에도 우리는 대부분 텔레비전이나 스마트폰에 시간을 낭비하지 않나요? 평소 텔레비전이나 스마트폰을 별로 보지 않는다는 사람은, 애초 TV와 스마트폰을 '시시하다'고 생각하고, 그에 대한 욕구를 갖고 있지 않을 뿐입니다. 역으로, TV나 스마트폰보다 재미있는 것이 생긴다면, 인간은 아무렇지 않게 TV나 스마트폰을 버릴 수 있습니다.

뿐만 아니라 범죄에 연루될 것 같은 욕구를 우리는 이성에 의해 억제하고 있다고 생각할지 모릅니다. 하지만 그건 범죄에 뒤따르는 처벌이 무서울 뿐이고, 형벌이라는 불이익으로부터 도망치고 싶은 욕구를 따르고 있는 것에 불과하다고 생각할 수도 있습니다.

전쟁 시에는 범죄로 간주되는 일도 아무렇지 않게 해버리는 게 인간입니다. 이성이라는 것은 역시 욕구 그대로 살아가는 자신을 바라보는 관객에 지나지 않고, 대부분의 경우 우리는 욕구의 노예인 것입니다.

반복(강화)하고, 잘되지 않았던 것은 그만둔다(약화)고 하는 '조작적 조건 형성(operant conditioning)'이라 불리는 이론의 바탕이 되었습니다.

•욕구는 이성에 의해 만들어지지 않는다•

신중하게 한번 생각해보시기 바랍니다. 우리는 이성에 의해 자신의 욕구 그 자체를 만들어낼 수 있을까요. 영어를 공부하고 싶다는 욕구, 학술서를 읽고 싶다는 욕구, 투자에 대해 박식해지고 싶다는 욕구를 이성으로 만들어낼 수 있을까요. 만약 그렇다면 금전적 성공을 이룰 수 있을지도 모르겠습니다. 하지만 유감스럽게도 욕구는 이성에 의해 만들어질 수 없습니다.

사실을 이야기하면, 욕구 그 자체를 우리 자신이라 가정할 때, 자기계발이 주장하는 '되고 싶은 내가 된다'는 것은 결코 이루어질 수 없는 일입니다. 이성이 '되고 싶은 나'를 정의한다고 한들 욕구가 그에 반하고 있기 때문입니다. 대부분 우리는 다가올 일본의 쇠퇴에 두려워 떨며 어떠한 준비도 할 수 없는 것입니다. 그렇게 준비하는 것을 '욕구'가 원하지 않습니다.

　그리고 이런 상황에 절망하는 건 애초 이성이 나 스스로를 컨트롤하고 있다고 생각하기 때문입니다. 하지만 만약 이성이 관객에 지나지 않는다고 한다면, 영화가 아무리 비극을 그리고 있어도 절망을 하지는 않겠지요. 어떤 의미에서는 기대조차 하고 있지 않으니까요. 조금 비약을 하게 됩니다만, 이것이 철학의 '입장'입니다. 철학은 이러한 절망 그 자체를 떨쳐내는 중요한 수단이 됩니다.

　싫은 일은 물론 싫습니다. 누구든 한 번밖에 보지 못하는 '자신의 인생'이란 영화가 비극이 되어버리는 건 싫은 일입니다. 하지만 성공 스토리만 기대하고 있는 한, 영화는 대부분 비극이 되어버립니다.

말하자면, 자기계발로 성공을 이루고자 하는 것 자체가 도리어 비극을 낳는 패인이 된다는 것입니다. 실제 과거 철학자들 중 성공이란 애매한 대상을 목표로 삼았던 사람은 (거의) 없습니다.

그렇다면 이성이란 완전한 관객이고, 욕구야말로 '나'라는 이야기일까요. 이 또한 다소 극단적인 표현에 지나지 않습니다. 이성에는 (조금뿐이지만) 가능성이 있다는 걸 지금이라도 바로 증명할 수 있기 때문입니다.

예를 들어, 오른손으로 자신의 코를 만져보세요. 지금 바로 해보시기 바랍니다. 만질 수가 있지요. 코를 만지고 싶다는 욕구가 없어도 인간은 코를 만지는 일이 가능합니다. 그와 마찬가지로 자신이 살아가는 방향을 자기계발로 삼을지, 철학으로 삼을지의 문제는 이성이 결정할 것입니다. 하지만 그 결과 선택한 대상에 따라 우리의 삶은 크게 달라져버립니다.

이성이 가지고 있는 얼마 되지 않는 가능성이란, 자신이 살고 있는 환경을 욕구와는 다른 방식으로 구축할 수 있다는 것입니다. 욕구도 그 일부라면, 그 욕구 또한 환경에 의해 변할 수 있다고 생각할 수 있습니다. 그리고 이것이 인간이 가진 (아마도 유일한) 가능성입니다.

예를 들어, 스키에 전혀 관심이 없는 독자가 어쩔 수 없이 친구에게 떠밀려 스키장에 가서 스키화를 신었다고 해봅시다. 그곳엔 본 적도 없는 아름다운 설경이 펼쳐져 있고, 공기는 더없이 맑고 투명합니다. 그리고 친구는 경쾌하게 눈을 가르고 있습니다. 어렵지 않다며 가르쳐주겠다고도 합니다. 그때 당신은 스키를 타보고 싶다고 느끼지 않을까요.

또 하나의 예를 들면, 대부분의 독자들은 자가용 비행기를 갖고 싶다고 생각하지 않습니다. 하지만 그건 자가용 비행기를 가질 수 있을 만큼의 돈이 없기 때문인지 모릅니다. 만약에 자가용 비행기를 사고도 별 영향이 없을 만큼의 돈을 가지고 있다면, 갖고 싶어질 수도 있습니다. 그리고 그만큼 돈이 많다면 세계 곳곳을 여행할 수도 있겠지요. 여행의 횟수가 늘어나고 공항에서 오래 대기해야 하는 일이 반복된다면, 자가용 비행기의 필요를 느끼게 될 수도 있습니다.

그리고 많은 사람이 전쟁을 원치 않습니다. 하지만 자신이 실업 상태이고 가족은 밥도 먹지 못할 정도로 굶주리고 있다고 가정해봅시다. 정부는 실업 대책으로 자위대 증원을 결정했고, 자위대원을 모집합니다. 당신은 자위대에 자원을 하게 되고 직업을 갖게 됐습니다. 가족의 '굶주림'도 일단은 해결되었습니다. 그런데 그때 적국이 미사일을 발사해 당신을 제외한 가족 모두가 죽음을 당했다면, 당신은 적국과의 전쟁을 원하지 않는다고 단언할 수 있을까요.

말하자면 이렇게 우리들의 욕구란, 자신의 가능성 범위 안에서 본인에게 유리한 경우에만 작동한다는 것입니다. 반대로 말하면, 우리는 이성을 활용해 환경을 바꿔가며 새로운 욕구를 획득할 수도 있다는 이야기입니다.

다만 마지막에 이야기한 전쟁에 대한 예처럼 욕구의 대상이 위험한 것이 되지 않도록 주의할 필요가 있겠지요. 그리고 주의를 함과 동시에 우리의 욕구는 환경에 의해 얼마든지 변할 수 있다는 것을 인식해둘 필요가 있습니다.

인간이 스스로를 파탄으로 몰아가는 욕구를 갖게 된 것도 환경에 의한 것일 가능성이 크기 때문입니다. 만약 당신이 지금 자기계발에 대한 욕구를 느끼고 있다면, 그 역시 당신이 놓여 있는 환경에 의한 것일 수 있습니다. 그렇기에 더욱더 그 환경의 무엇이 나의 욕구를 만들어냈는지 냉정하게 성찰

해야 할 필요가 있습니다. 그렇지 않으면 당신은 자기계발이
란 함정에 빠져 파탄에 이를 위험이 매우 크기 때문입니다.

•도움이 될지 안 될지가 아니라, 아는 것을 목적으로 하는 철학의 의미•

이성에 의해 자기계발이 아닌 철학을 선택했을 경우, 철학의 환경이 전해주는 건 '알고 싶다'는 욕구입니다. 철학은 우주의 모든 것을 '알고 싶다'고 느끼게 해줍니다. 또한 '알고 싶다'고 생각하는 '동료'가 많이 존재한다는 사실에 용기를 받게도 됩니다. 철학을 하는 사람은 '성공하는 것'이 아니라 '아는 것'을 추구하고, 이를 삶의 목적으로 삼습니다. 그렇기에 주변에 '아무 쓸모도 없는 것'을 붙들고 있는 사람이란 인상을 주게 될지도 모릅니다. 하지만 애초 도움이 되는 것만을 좇는다는 건 자기계발의 '관점'이라는 걸 잊어서는 안 됩니다.

여기에 간단한 시험용지가 있습니다. '달은 어떻게 지구에 떨어지지 않을까'[24]라는 물음입니다. 어린아이도 궁금해하는 매우 간단한 질문이지만, 적지 않은 사람들이 대답을 하지 못합니다. 왜냐하면 달이 지구로 떨어지지 않는 이유를 알았다고 한들, 아무런 도움도 되지 않기 때문입니다. 하지만 그 질문에 대해 어느 유명 대학의 권위 있는 교수가 '내년에 달이 지구에 떨어진다'고 말한다면 어떻게 느낄까요.

'달은 어떻게 지구에 떨어지지 않는가'를 스스로 자문해보지 않은 사람은, 자신의 생사가 걸린 문제임에도 그에 대한 판단을 권위를 가진 사람의 말에 기댈 수밖에 없습니다. 아마도 음식이나 음료, 가전제품이나 건강식품 등을 파는 수상한

---

24 가령 매우 높은 산 정상에서 수평 방향으로 공을 던진다고 합시다. 지구는 동그랗기 때문에 강하게 공을 던지면 그 공은 한 바퀴를 돌아 자신이 서 있는 자리로 돌아오겠지요. 우주 공간에는 마찰도 없으므로 공이 속도를 떨어뜨리는 일도 없습니다. 이 공과 같이 달은 영원히 지구를 향해 떨어지고 있는 것입니다 (정확하게는 매해 조금씩 지구로부터 멀어지고 있습니다).

사기 수법에 걸려드는 사람은 이 질문에 답을 하지 못하겠지요. 그리고 소수의 이야기지만, 유명 기업에서조차도 이런 사기 수법을 취하는 경우가 있습니다. 대부분의 사람들이 철학이 아닌, 간단하고 쉽게 효과를 볼 수 있는 자기계발 같은 것을 좇고 있기 때문에 벌어지는 현상이라고밖에 볼 수 없습니다.

철학은 '알고 싶다'는 욕구에 응하는 것이고, 아는 것 그 자체를 목적으로 합니다. 철학은 무언가에 도움이 되는 지식을 구하는 데 목적을 두지 않습니다. 하지만 결과로서 철학은 스스로 생각할 수 있는, 쉽게 속지 않을 수 있는 인간을 만들어줍니다. '달은 어떻게 지구에 떨어지지 않는가'라는 도움도 되지 않는(을) 질문이, 스스로 생각할 수 있는 인간이 되기 위한 장대한 우회길이라는 건 참 아이러니한 이야기입니다.

현대 일본의 대학에서는 문학부, 이학부와 같은 도움이 되지 않는 것들을 공부하는 학과가 점점 사라지고 있습니다. 그건 곧 스스로 생각할 수 있는 인재를 기르는 철학을 일본이 방기하고 있다는 이야기입니다. 동시에 일본이란 나라가 자기계발을 대량 소비하는 시대로 향하고 있다는 것이고, 그 배경엔 철학 교육이 경시되어온 역사가 있을 것입니다.

또한 이는 일본의 지도층조차 '달은 어떻게 지구에 떨어지지 않는가'를 잘 모르고 있다는 사실이며, 그것을 알아가는 기쁨, 즉 철학을 갖고 있지 않다는 걸 보여주고 있다고도 할 수 있습니다.

04
자기계발과 철학의 결정적 차이

•호기심을 자신의 내면에 두지 않는다•

자기계발과 철학의 결정적 차이는 호기심을 무엇에 두는 가에 있습니다.

먼저 자기계발은 '자신'이라는 개별성이 높은 존재를 대상으로 합니다. 그리고 그를 구축하기 위한 로직을 '믿는다'는 것을 전제로 성립됩니다. 그에 반해 철학은 자신에게만 국한되는 개별적인 것들에는 관심을 두지 않고, 세계 공통으로 일반적으로 적용 가능한 진리를 대상으로 합니다. 그리고 철학은 과거에 진리라 여겨졌던 로직을 '의심하는' 것에서부터 출발합니다.

풀어서 이야기하면, 자기계발은 자기 존재를 강하게 의식하는 구조로 설계되어 있고, 타자와 다른 자신에게 포커스를 둡니다. 그중에는 자신의 강점과 약점을 확인해가는 유익한 내용도 포함되어 있습니다. 다만 일반적으로 악독한 자기계발 비즈니스들이 취하는 방식이란, 바로 그 내면을 파고들어 성찰하라고 장려하는 것입니다.

그리고 참 안타깝게도, 취업을 준비하는 학생을 위한 자기 분석이 이런 흐름을 부추기고 있다는 지적도 있습니다.[25] 취업을 준비하는 학생들에게 세계에서 통용될 만한 '강점' 같은 건 없습니다. 그렇기에 더욱더 자기 분석을 지도하는 사람들은 자기계발류의 교육을 하고 있는 것이겠지요.

지식도 경험도 부족한 학생에게 강점이 없다는 건 크나큰 불안입니다. 그 불안을 틈타 고액의 비용을 징수하는 자기계발 비즈니스가 늘어나고 있습니다. 하지만 철학의 관점에서 바라볼 때, 이렇게 자기 자신을 계속 파고들어 얻어지는 건

---

25 마키노 도모카즈, 《자기계발 시대》, p95~131, 케이소서방, 2012년 3월 7일.

초라하고 시시한 자기 자신일 뿐입니다. 애초 깊게 파고 성찰할 내면을 갖춘 사람이라면 자기계발 따위는 필요가 없기 때문입니다.

자기계발에 걸려들기 쉬운 사람은 자기 내면에 뛰어난 게 '아무것도 없다'는 걸 잠재적으로 알고 있습니다. 그런 허무함이 자꾸만 자기계발에서 희망을 찾게 합니다.

매우 역설적인 이야기입니다만, 자신이 중심이라는 인식은 어디에도 도움이 되지 않는(을) 지식의 체계, 바로 철학에 의해 형성됩니다. 실제 내면이 훌륭하다고 알려진 인물 중 대부분은 쓸모없어 보이는 지식을 많이 갖고 있지 않나요[기타노 다케시나 타모리 같은 인물(일본의 국민적인 코미디언들-옮긴이)을 상상해보기 바랍니다].

이런 사람들처럼 자신 밖의 외부 세계에 호기심을 갖지 않으면, 자신의 내면은 충만해지지 않습니다. 그렇기에 더욱더 자기계발에 빠지기 쉬운, 스스로 '아무것도 없다'는 걸 잠재적으로 알고 있는 사람을 구원하는 건 별 도움도 되지 않는 지식의 체계, 철학인 것입니다.

오히려 철학이 없는 사람이 자신의 내면을 바라보았을 때, 드러나는 건 뛰어난 무언가가 아니라 7개의 대죄(7개의 죽음에 이르는 죄[26]-폭식, 색욕, 탐욕, 분노, 태만, 오만, 질투)입니다.

자기계발은 이런 것들을 가시화해 대죄를 씻어내줄 수 있다며 부정한 편법을 제공합니다. 하지만 그러한 방법이 진짜 효과가 있을 리 없습니다. 왜냐하면 그런 대죄라는 건 인간 본능의 영역이기 때문입니다. 그리고 자기계발은 그런 방법이 효과가 없을 때, '믿음이 부족하다', '수행이 부족하다', '아직은 초기 단계이다'와 같은 말들로 에둘러 변명합니다. '성공하는 사람은 성공할 때까지 포기하지 않는다'와 같이 허울 좋은 말로 점철된 로직도 자기계발에서 자주 사용되는 사례입니다. 자기계발 비즈니스에서는, 그저 계속 자기계발에만 매진하라고 이야기하는 것입니다.[27]

자기계발 비즈니스는 이렇게 자기계발의 '먹이'가 된 사람에게 내면을 향한 무한의 허무한 점프를 반복시킵니다. 횟수는 점차 늘어나고 점점 파친코 기계 앞에 앉아 거금을 투입하고 있는 것과 같은 상황이 벌어집니다. 나중에 잘못이라고 생

---

26 4세기경 그리스도교(가톨릭)에서 성립된, 인간을 죄로 이끄는 원인을 정의한 욕구 리스트입니다. 이는 당초 인간의 본능이며, 인간은 죄를 짓는 존재라는 원죄에 대한 개념으로 이어집니다.

27 참고로 사교집단의 교조가 예언한 인류 멸망의 날이 어긋나는 경우가 있는데, 그때 신자들은 '우리들의 기도가 이뤄졌다'며 오히려 신앙심이 높아진다고 합니다.

각해서 그만두고 싶지만, 그러면 지금까지의 인생이 헛수고가 되어버리고 그렇게 돌이킬 수 없는 상황이 되는 것입니다.

경제학에서는 이를 매몰 비용[성크(sunk) 코스트]이라고 하며, 인간이 빠지기 쉬운 '덫'으로 경고하고 있습니다. 매몰 비용이란 개념을 알고 있다면, 파친코 기계 앞에 앉아 거금을 탕진했다고 해도 지갑의 마지막 1만 엔은 학술서 구입에 쓰겠지요. 하지만 매몰 비용이 이야기하는 것과 같은 본질적 의미의 경고가 자기계발 세계에 전달될 일은 없습니다.

•철학만이 대죄를 씻어준다•

다시 한 번 이야기합니다만, 자기계발에서 흔히 이야기하는 '종이에 쓴 목표는 달성된다'와 같은 일은 결코 일어나지 않습니다. 오컬트 중에서도 저속한 오컬트입니다. 물론 정말로 종이에 목표를 쓰고 성공하는 사람이 있을 수 있겠지요. 하지만 그런 사람은 종이에 목표를 쓰지 않고도 성공합니다. 현실을 말하자면 대다수 사람은 종이에 목표를 쓰고도 성공하지 못한다는 것입니다.

다나바타(七夕, 칠월칠석과 유사한 일본의 명절로, 이날 나무껍질이나 종이에 소원을 적어 걸어두는 풍습이 있다-옮긴이)에 소원을 적어 나무에 걸어놓으면 이뤄지나요? 에마(繪馬, 절이나 사원에 소원과 함께 봉납할 때 쓰이는 그림이 그려진 작은 나무판-옮긴이)에 희망하는 학교를 적으면 합격하나요? 목표 기술서에 적었던 것들은 달성이 되었나요? 어른이 되고도 산타클로스에게 편지를 쓰는 건 그만두는 게 좋습니다. 하지만 많은 자기계발은 산타클로스를 믿는 마음이 부족하기 때문에 이뤄지지 않는 거라고 웅변합니다.

그리고 여기엔 거대한 패러독스가 있습니다. 대죄를 (일시적으로) 씻어주는 유일한 방법은 자기 자신에 대한 흥미를 버리는 것, 즉 철학이라는 것입니다. 이 세계의 진리를 자신 나름의 방식으로 추구할 때 우리는 대죄로부터 벗어날 수 있습니다. 자신의 내면이 아닌 외부 세계에서 무언가 뛰어난 것을 발견했던 경험은 누구든 있을 것입니다. 예를 들어, 생물의 오묘함에 매료되었을 때 우리는 대죄로부터 자유로운 상태입니다. 그러한 외부 세계에 호기심을 가질 때, 우리의 내면은 채워지고 풍요로워집니다.

그러니까 제가 이야기하고 싶은 건 자신이란 시시한 존재에 대한 탐구는 그만두고, 세계의 훌륭한 것들을 탐구하자는 것, 오직 그것뿐입니다.[28] 그렇게 한 번의 계절을 돌면, 우리는 (타자가 보기에) 재밌는 존재가 되어 있을지도 모릅니다(장담은 못 합니다만).

한번 떠올려보시기 바랍니다. 역사적 위인의 이야기가 아닌 한, 길고 긴 자기소개만큼 최악의 콘텐츠는 없습니다. 정말로 재미있는 건 이 세계의 진리이고, 그것을 탐구하는 인간의 이야기입니다.

---

28 다행히도 지금 일본의 교육 과정은 유럽에서 발달한, 외부 세계를 탐구하는 방식을 택하고 있습니다. 이것이 잘 진행된다면, 앞으로 일본인은 자기계발에 잘 걸려들기 어려운 국민이 될 가능성이 커지겠지요.

05
자기계발 커뮤니티의 취약성에 관하여

•표면적 인간관계는 보다 강한
고독과 불안을 가져온다•

타인의 의견을 믿는다는 건, 설령 그 내용이 의심쩍다 할
지라도 인간의 욕구와 직결되는 이야기입니다. 내가 아닌 다
른 이의 의견을 믿는다는 건, 타자와의 신뢰를 쌓아가기 위해
필요한 수단이기 때문입니다. 인간에게는 타자와 연결되고
싶은 욕구가 있고, 그건 인간의 본능 중 하나라고 이야기할
수 있습니다.

인간은 이야기의 내용이 아닌, 듣는 순간 자신의 '상태'에 반응하는 생명체입니다. 긍정적인 기분일 때는 상대를 신뢰하고 있음을 전하게 되고, 반대로 부정적인 감정 상태에선 상대를 신뢰하지 않고 있음을 은연중에 노출하게 됩니다. 그리고 이는 심리학적으로 헛소문이 퍼져가는 배경에 대한 원인으로 알려져 있습니다. 헛소문을 퍼뜨리는 사람에게 악의가 없다는 건 자주 듣는 이야기입니다. 그걸 믿어버리는 사람 또한 악의는 없습니다. 하지만 이와 마찬가지의 이유로 자기계발이라는 게 퍼져갑니다.

자기계발을 헛소문의 일종이라 생각하면 이해가 쉬워질지 모르겠습니다. 특히 정신적인 부류의 자기계발은 '종이에 쓴 목표는 달성된다'와 같은 근거 없는 이야기를 설득시키기에 더할 나위 없는 재료가 되는 경우가 많습니다. 그럼에도 이런 근거 없는 망설들이 사라지지 않는 배경에는, 인간에겐 '고독해지고 싶지 않다'는 욕구가 있기 때문입니다. 이에 엮이는 사람에게는 악의는 없고, 그저 외롭고 불안한 것일 뿐입니다.

상대의 이야기에 다소 의문을 느꼈다고 해도 일단 믿음으로써 상대와의 신뢰를 유지할 수 있습니다. 예를 들어 그 상대가 가족이나 부모라면, 진실을 밝히기보다 신뢰 관계를 유지해가는 것이 당연히 더 중요해지겠지요. 사실은 믿지도 않으면서 가족이 자기계발에 빠진 탓에 자신도 그 세계 주변을 서성이고 있는 사람이 예상외로 많다고 볼 수도 있습니다.

하지만 여기서 주의해야 하는 건 정말 견고한 신뢰 관계를 구축하기 위해서는 의견의 대립을 넘어서는 일이 필요하다는 것입니다. 이는 터크만 모델(Tuckman's stages of group development)이라고 알려져 있습니다. 의견 대립을 회피하는 태도는 오히려 깊이 있고 안정감 있는 인간관계 구축을 저해합니다.

세계적 검색 포털 기업 '구글'도 뛰어난 팀을 위한 요건으로 다른 의견을 받아들이는 폭넓은 수용성, 그래도 괜찮은 '심리적 안전성'을 제시하고 있습니다.[29] 하지만 그런 '심리적 안전성'이란, 그렇게 간단히, 손쉽게 만들어지는 게 아닙니다.

사실 우리는 모두 타자와 긴밀하게 이어지고 싶습니다. 틀린 것은 틀리다고 서로 이야기할 수 있는 관계, 고작 그런 것

---

29 프로젝트 아리스토텔레스(Project Aristotle)라 불리는, 구글 사내 180개 팀을 상대로 한 200건 이상의 인터뷰 조사 결과입니다. 보다 상세한 내용은 〈What Google Learned From Its Quest to Build the Perfect Team〉, 《The New York Times》, FEB 25, 2016 을 참조하시기 바랍니다.

으로는 무너지지 않는 신뢰의 관계를, 우리는 근본적으로 갈구합니다(일본에서는 자주 만화의 테마로 다루어지기도 하지요). 그런데 이런 관계의 상대가 누구 하나 없다면, 그건 자신의 속내를 얘기할 만한, 들어줄 사람이 아무도 없다는 이야기입니다. 타자의 의견을 그저 받아들이며 표면적인 관계밖에 갖지 못했던 사람은, 보다 강한 고독과 불안에 시달리게 됩니다. 그렇게 타자와의 관계에서 '심리적 안전성'을 갖지 못한 사람이 '영원히 깨어나지 못할 먹잇감'으로, 자기계발 비즈니스의 희생양이 되어버리는 것입니다.

자기계발이라는 헛소문을 두고 '임금님 귀는 당나귀 귀'라고 말하지 못하는 사람들이, 자기계발 커뮤니티를 형성합니다. 그 커뮤니티는 사실, 간단한 반론 하나만으로 붕괴될 정도로 취약합니다. 그런 취약한 관계에 애를 태워야 하는 인생이라면, 아무리 발버둥을 친다 한들 고독하고 불안할 뿐이겠죠.

자기계발이 주장하는 대부분은 수상한 로직으로 채워진 것들입니다. 하지만 고독하고 불안한 사람들에게 그런 건 보이지 않습니다. 수상쩍은 로직을 의심하기를 포기합니다. 특히 자신의 지식이 부족하다는 걸 자각하고 있는 사람일수록 (철학이 부재하다는 걸 자각하고 있는 사람일수록) 의문을 느껴

도 드러내기를 꺼리게 됩니다. 자신의 생각이 옳다는 로직이

지식에 의해 뒷받침되어 있지 않기 때문입니다.

•자기계발은 '고독과 불안'을
허구로 잠재우려 한다•

현대 사회가 지식 사회(가치를 창출하는 원천이 지식인 사회)라는 것은 널리 알려진 그대로입니다. 그리고 그런 사회에서 인간의 자존심을 채워주는 건 충분한 지식을 갖고 있는지의 여부입니다. 하지만 저 자신을 포함한 대부분의 사람들은 제대로 된 공부를 하지 않습니다. 공부를 꺼려왔기 때문에 제대로 된 지식 또한 갖추고 있지 않습니다. 그럼에도 불구하고 우리는 자신에게 무언가 전문성이 있는 건 아닐까 기대합니다. 주위 사람들 역시 제대로 된 지식을 갖추고 있는 사람이 적기 때문에, 조금만 무언가 알고 있어도 전문가 행세를 하는 게 가능해지기도 합니다. 참 어처구니없는 이야기입니다.

자기계발 커뮤니티에선 자신의 어설픈 논리를 그럴싸하게 포장하기 위해, 종교나 역사, 심리학이나 뇌과학의 이론을 차용하는 예가 자주 있습니다. 갇혀진 커뮤니티이기 때문에 그런 것만으로도 전문가 대우를 받을 수 있고, 그렇게 자신의 자존심을 채울 수 있습니다. 하지만 당연하게도 그렇게 이론을 끌어오는 사람들이 그 특정 분야에 깊은 지식을 갖고 있는 것은 아닙니다. 어딘가에서 주워들은 정도의 지식으로 자신의 어설픈 논리를 정당화하고 있을 뿐입니다.

자기계발에 익숙한 분들이라면 알고 있겠지만, 자기계발에서 이야기하는 건 결국 동어반복에 지나지 않습니다. 그만큼 자기계발 커뮤니티 안에서의 지식이란 제한적입니다. 그럼에도 같은 말을 계속 반복하는 자기계발을 찾게 되는 건, 자신의 불안(자존심이 채워지지 않은 상황) 또한 반복되고 있기 때문이겠지요. 그리고 그런 불안은 앞으로 더욱더 커질 뿐입니다.

반복해서 이야기하게 됩니다만, 자기계발 커뮤니티 안에는 '진짜' 지식을 가지고 있는 사람이 없습니다. 그렇기 때문에 그들이 특정 분야의 전문가와 진심으로 토론하는 일 따위는 없습니다(상대해주지도 않겠지만요). 자기계발이 지향하고 있는 건 그저 고독과 불안을 (허구에 의해) 해소하는 것입니다. 그런 이유로 그들은 '기반'이 되는 로직이 비웃음당하는 걸 극도로 두려워합니다. 물론 이는 그들 자신도 자신들의 로직에 오류가 많다는 걸 잠재적으로 알고 있기 때문이기도 합니다.

그렇게 자기계발은 점점 폐쇄적인 세계가 되어, 다른 참가자보다 아주 조금 더 많은 지식을 갖춘 사람이 '내부의 전문가'로 표면적 자존심을 확보하게 됩니다. 일반 세계에서는 결코 말하지도 못할 정도의 이야기를, 내부에서만 통용되는 말들로 바꾸어 참가자들의 표면적 자존심을 세워주는 시스템입니다. 그야말로 '믿지 않는 이에겐 보이지 않는 옷'을 입은 벌거벗은 임금들이 모여, '서로의 옷을 칭찬해주는 것'과 같은 꼴입니다.

여기에 진실이라는 게 있다면, '제대로 공부한 적이 없는 사람은 모두 동등하게 벌거벗었다'라는 사실뿐입니다. 그리고 그 정도의 명백한 진실을 말하는 것만으로도 상처를 받는 사람들이 모여 있는 곳이 자기계발 커뮤니티라는 것입니다. 아무리 부끄럽다 할지라도 자신이 옷을 입고 있지 않다는 걸 인정하고, 적어도 속옷 정도는 챙겨입는 것부터 시작하라고 말하고 싶은 심정입니다.

철학에서는 이를 '무지의 지'라고 이야기합니다. '자신은 아무것도 모른다는 것을 인정하자'는, 소크라테스[30]로부터 시작된 철학의 태도를 가리키는 말입니다. 그리고 이를 신란(親鸞)은 '타력본원'이란 말로 표현하기도 했습니다. 신란의 경우, 수행으로 해탈에 이르는 길을 포기하라고 주장한 사람입니다. 그리고 신란의 이 언설(言說)이 현대에 통용되는 많은 자기계발을 강하게 부정하고 있다는 건 주목할 만한 부분입니다.

---

30 철학에 있어 빼놓을 수 없는 고대 그리스의 대표 철학자입니다. 물음을 거듭하는 것으로 자신은 아무것도 알지 못한다(진실에 대해 무지 상태이다)는 깨달음에 이르는 대화술(對話術)을 이용했다고 알려져 있습니다.

신목(神木)에서 무엇을 읽어낼 것인가[31]

일본인은 크고 웅장한 신목을 매우 좋아합니다. 나무라는 존재를 소중한 상징으로 삼는 것은 세계 다른 곳에서도 있는 일이지만, 크고 웅장한 나무 주변에 금줄(注連繩)까지 매달아 보호하는 건, 일본 고유의 문화라 해도 과언이 아닐 것입니다. 물론 그런 문화 자체를 중요하게 생각하는 입장도 있습니다. 동시에 크고 웅장한 나무엔 어떤 생물학적 비밀이 숨어

---

31 2018년 6월 26일, 간병 미디어 《모두의 간호》의 연재물 〈모두가 행복을 추구할 수 있는 사회의 실현은 '리더의 세대 교체'가 열쇠다〉에 게재되었던 원고입니다.

있는지 알고 싶어 하는 입장도 있겠지요.

　여러분은 세계에서 가장 키가 큰 나무에 대해 생각해본 적이 있나요? 오늘날 세계에서 가장 큰 나무는 캘리포니아에 있는 높이 130미터의 삼나무(Taxodiaceae Metasequoia sp.)라고 알려져 있습니다. 아마 30층짜리 고층 빌딩과 같은 높이일 겁니다. 이렇게 거대한 나무 앞에서 대다수의 일본인은 '자연은 대단하구나'라고 하는 정신적 감흥을 얻게 됩니다. 자기계발에서도 이런 '신목'은 '파워 스폿'이라 여겨지며 알 수 없는 신비한 신앙의 대상이 되기도 합니다.

　하지만 생물학적으로 이 삼나무는 종의 멸종을 예감케 하는 것이고, 동시에 심각한 자연도태의 말로를 떠올리게 하는 것과 다름없습니다. 130미터의 삼나무가 조용히 자리를 지키고 있다는 것은 대단한 정신적 경지의 대상이 아닌, 생물학적으로 험난한 생존경쟁의 결과인 것입니다.

　이에 대해 철학이 아닌 영적인 영역에서 어떻게 해석하는가는 문화의 영역이고, 그 모든 걸 부정하려는 의도는 없습니다. 그건 그것대로 어떻게 그런 문화가 형성되었을까를 생각할 때, 인간을 이해하기 위해 매우 재미있는 테마가 되기도 합니다.

그런데 애초 나무라는 존재는 어떻게 두터운 줄기를 갖고 있을까요. 태양의 빛(생존을 위한 리소스)을 둘러싸고 다른 식물들과 경쟁해 싸워 이겨야 할 필요가 있기 때문입니다. 식물은 자신보다 키가 높은 식물과 함께 있으면 키 큰 나무의 그림자에 가려지게 됩니다. 그러면 계속 받고 있던 태양 빛을 잃게 되고, 식물이 살아가는 데 필수적인 광합성이 원활히 이뤄지지 않습니다. 결국 음지로 내몰리게 된 식물은 머지않아 멸종하게 됩니다.[32]

　좌우로는 거의 이동도 하지 않는 나무가 유독 보다 높이 성장하려고 하는 건, 다름 아닌 격심한 생존경쟁에서 살아남기 위해서입니다. 다른 식물은 메말라 죽든 말든 자기 자신만은 살아남으려 하는 것입니다.

　그렇게 생각하면, '신목'을 숭배하는 고결한 마음이 조금 훼손될지 모르겠습니다. 반대로 지면에 바짝 붙어 섭생하는

32　한편, 신목이 수관(나뭇가지가 넓게 뻗어 있는 부분)을 넓혀 어린 나무가 빛을 최소한으로 받게 하는 것은 천천히 성장시키기 위한 기술이라고 하는 조사 결과도 있습니다. 예를 들어, 재해 등으로 신목이 쓰러졌을 때 어린 나무는 갑작스레 과도한 광합성이 이뤄져 빠른 속도로 성장하게 됩니다. 하지만 그런 어린 나무들은 성장을 위해 두께를 무리하게 불리게 된 탓에 수명이 짧아진다고 합니다. 단, 이 역시 적은 양의 빛으로도 견딜 수 있는 나무만이 살아남는다는 자연도태를 설명하고 있다고 생각할 수 있습니다.

잡초는 자신만의 방식으로 생존해가는, 용감한 도전자처럼 보일지도 모르겠습니다.

하지만 그렇게 생존경쟁에서 승리한 130미터 높이의 삼나무라고 해도 모든 게 다 편한 것만은 아닙니다. 그만큼의 높이를 얻기 위해서는 상당한 노력이 필요했을 것이기 때문입니다. 높게 뻗어가는 줄기를 갖고 있는 식물은 그 정점까지 중력을 거스르며 물과 양분을 운반하지 않으면 안 됩니다. 즉 그만큼의 고생뿐만이 아니라 태양 빛의 확보를 위한 발버둥까지 포함해 식물의 생존경쟁은 계속되는 것입니다.

말하자면, 태양의 빛은 매출, 물과 양분을 운반하는 노동은 비용으로 삼는 경제학이 식물 세계에도 존재하고 있다는 것입니다. 그리고 여기에서 매출을 최대화하기 위한 수단은 나무의 높이가 됩니다.

캘리포니아에 있는 높이 130미터의 삼나무는 태양열을 충분히 흡수하며 자신보다 키 작은 나무들을 몰아냅니다. 그렇게 함으로써 지근거리의 양분을 혼자 독점하는, 매우 뛰어난 생존 전략을 취하고 있습니다. 하지만 현존하는 식물이 가질 수 있는 최대의 높이는(액체가 중력과 같은 외부 도움 없이 좁은 관을 오르는 현상, 즉 모세관현상과 식물 체내 수분이 수증기로 대기에 배출되는 현상, 다시 말해 증산력을 대상으로 한 물리적 계산으로부터) 대체로 130미터라고 합니다. 그 이상이 되면, 물, 양분을 운반하는 코스트가 지구 중력에 의한 영향으로 태양열로부터 얻을 수 있는 매출을 상회하는, 적자 상황이 펼쳐지기 때문입니다. 130미터짜리 삼나무는 사실, 적자를 코앞에 둔 아슬아슬한 상태의 삶을 살아가고 있다는 이야기입니다.

그리고 이 높이 130미터의 삼나무는 바벨탑과 같이 어딘가 인류의 존재 방식을 생각하게 합니다. 오만하게 하늘 높이 바벨탑을 쌓아 올렸던 것처럼, 지금까지 인류는 자연환경의 에너지를 다른 식물에 앞서 독점하며, 다른 종의 생명체들을 내몰아왔습니다. 그리고 현재 지구는 생명 역사상 제6차 대량 멸종의 위기를 맞이하고 있습니다. 하지만 과거 대멸종의 원인이 운석의 충돌, 화산의 분화였던 것과 달리, 이번 제6차 대량 멸종의 원인은 인류란 존재입니다.

그리고 개인적으로 이는, 높이 130미터라는 한계치까지 자라버린 삼나무의 그림자에 가려 멸종해버린 다른 식물들의 예와 다름없는 이야기라고 생각합니다. 잘 알려지지 않은 사실이지만, 인류와 인류가 기르는 가축의 총무게는 이미 야생 동물의 다섯 배를 넘었고, 이는 전체의 약 84%에 해당합니다.

여기서 주의해야 할 것은 130미터 높이의 삼나무가 멸종시키는 건 다른 종뿐만이 아니라는 사실입니다. 자신과 같은 종의 자손조차 이러한 시스템 안에서는 파멸하게 됩니다. 자손으로서는 부모와 같은 환경에서는 살아남을 수 없기 때문에 어린 식물들은 가능한 한 먼 곳에서 발아를 하지 않으면 안 됩니다. 하지만 지구에도 표면적상의 한계가 있습니다. 결국 이 삼나무의 독식이란 전략이 자초하는 건 온통 높이 130미터짜리 나무들로 뒤덮인 지구이겠지요. 어린 나무들은 발아를 한다고 해도 성장하지 못하고 도태되어갑니다. 그렇게 이 삼나무는 하나의 '종'으로서 종말을 맞이하게 되는 것입니다. 이를 시적으로 표현해보면 '강한 자는 스스로의 힘으로 자손을 멸하게 한다' 정도가 될까요.

어떤 생물이라도 살아가기 위해서는 섭취해야 할 에너지(매출)와 살기 위해 소비하는 에너지(비용)의 수지(收支)가 맞아야 합니다. 그것이 적자라면 개체로서 생존할 수 없습니다. 그렇기 때문에 어떤 생물이든 (기본적으로는) 개체로서의 이익을 중시하게 만들어져 있습니다. 어떤 생명체든 '살아남아야 한다'는 본능적인 충동이 종 전체를 파멸로 몰아가는 원동력으로 작용하고 있는 것입니다.

하지만 조금 다른 각도에서 생각하면, 본능적인 충동에 의해 과도하게 강해진 종자는 스스로 자멸하며 다른 종들이 존속할 수 있는 가능성을 만들어냅니다. 생태계란 그렇게 종의 다양성을 유지하며 다양한 환경 변화로 버텨왔습니다. 이렇게 생각하면 생물에게 왜 수명이란 게 있는지 이해가 쉬워지겠지요. 만약 정해진 수명도 갖지 않고, 살아가기 위해 필요한 에너지도 충분히 섭취하며 살 수 있다면, 그런 생명체는 스스로의 힘에 의해 자신의 종마저 절멸하게 될 것이기 때문입니다.

이렇게 자연도태를 거듭하며, 각각의 생명체는 개별체로서 살아가기 위한 에너지의 양과 개체 수명 사이에 절묘한 밸런스를 맞춰왔던 것입니다(정확하게는 그런 작용을 하고 있던 종만이 우연히 자연도태를 넘어설 수 있었다는 것이지만요).

인류의 평균 수명은 점점 늘어 이제는 이론상 백이십 살이라고 합니다. 그리고 이는 삼나무 중 130미터에 달하는 개체가 늘어나고 있다는 것과 같은 이야기입니다. 최근 불거지는 저출산 문제는 한정된 환경(系)에서라면 당연한 일이기도 합니다.

높이 130미터짜리 삼나무에 뒤덮인 지구가 자손 세대에게 태양 빛이 없는 세계와 같다는 건, 굳이 말할 필요도 없는 사실이겠지요. 여기서 (이미 크게 성장 중인) 삼나무들은 회의를 엽니다. '좀 더 적은 양의 태양열로도 살아갈 수 있는 생산성'과 '태양열 외의 새로운 에너지원 개발'이 회의의 테마가 됩니다. 저는 현대 사회에서 이런 이야기가 제기되고 있는 건, 삼나무의 예와 같은 배경에 이유가 있다고 생각합니다. 하지만 그러한 테마는 키가 큰 삼나무들과는 별 상관이 없고, 그렇기 때문에 신속한 실행은 이루어지지 않습니다.

과제는 계속 논의만 될 뿐 해결책은 보이지 않습니다. 실행은 더욱더 잘 이뤄지지 않습니다. 그러면 키가 작은 삼나무들 사이에선 '130미터짜리 나무들은 죽어야 한다'는 의견이 나올지 모릅니다. 참 무서운 이야기죠. 하지만 실제로 얼마 전 일본에선 '일본 국적을 소유한 사람은 누구든 70세가 된 생일로부터 30일 이내에 죽어야 한다'라는 법안 가결의 과정을 그린, 《70세 사망법안, 가결》(가키야 미우)이란 픽션이 화제가 되기도 했습니다.

지금의 일본에서는 들어가기가 그렇게나 힘들다는 사립 고등학교 학생들이 해외 대학으로 진학하는 움직임이 늘어나고 있습니다. 그건 일본이란 나라가 130미터에 달하는 나무들로 꽉 들어찬 포화상태이기 때문이 아닐까요. 젊은 세대에서 변화의 조짐이 보인다는 건 부모의 환경과 최대한 먼 곳에서 발아를 하려고 하고 있기 때문인지 모르겠습니다.

　　거듭해 이야기합니다만, 저는 '신목'을 떠받드는 마음까지 부정할 생각은 없습니다. 신목에서 생명의 오묘함을 느끼는 건 매우 자연스러운 일입니다. 다만 신목에는 생물학적으로 다른(보다 과학적이고 의심의 여지가 없는) 해석이 있고, 그건 결코 신목이 인격을 가진 '신'이란 존재가 아니라는 것입니다. 그것이 실체의 진상입니다. 하지만 설령 그것이 '신'이 아니라 해도, 그를 우러러보는 인간의 마음까지 사라지지는 않습니다. 신목은 생명의 오묘한 상징으로서 충분히 흥미로운 존재입니다. 또한 인간이 그러한 존재를 숭배하는 마음의 배경 또한 매우 흥미로운 지점이라고 생각합니다.

　　다만 자기계발 비즈니스를 이용해 우리가 신목에 품는 이와 같은 감정을 이용하는 것들이 존재한다는 건, 어떻게든 주의할 필요가 있겠지요. 그것은 결코 '파워 스폿'이 아닙니다. 생물 그 자체가 우리의 상상을 초월하는 파워를 가지고 있다는 것, 그것이 진실입니다.

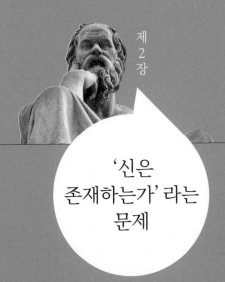

제 2 장

'신은
존재하는가' 라는
문제

역사상 기록된 세계에서 가장 악독하고 잔혹한 죄는
종교라는 이름하에 행해진다.

| 마하트마 간디 |

01
생물의 눈(目) 구조가 알려주는 것

•생물은 '신'이 창조한 것인가?•

육지에서의 생활에 최적화되어 있는 인간은 물속에서는 제대로 사물을 볼 수 없습니다. 수영을 하다 수중에서 눈을 뜨면 뿌옇다고 할까, 아무튼 사물이 잘 보이지 않지요. 이는 육지와 수중, 달리 말하면 공기와 물에서의 빛의 굴절률(빛을 반사하는 힘)이 다르기 때문입니다.[33] 공기의 굴절률에 맞춰진

---

33 일본 동물학회 동부지부, 《생명은 어떻게 세계를 보고 있을까-다양한 시각과 그 메커니즘》, 학회출판센터, 2001년 11월.

눈을 갖고 태어난 인간이 물속에서 눈을 뜰 때, 사물에 반사된 빛은 사람의 눈이 인지할 수 없는 지점에 도달합니다. 그런 이유 때문에 수중안경 등을 착용해 눈과 물 사이에 공기를 확보해주지 않으면, 인간은 물속의 모습을 정확하게 포착할 수 없는 것입니다.

물고기(척추동물로서 인간의 조상에 해당하는)의 눈은 인간의 눈과 구조가 많이 닮았습니다. 다만, 물고기 눈은 인간보다 훨씬 볼처럼 구부러진 완곡한 형태(완전히 동그란 형태)를 하고 있습니다. 그리고 그 강한 완곡은 빛을 보다 큰 각도로 굴절시킵니다. 그렇기 때문에 물고기는 물속에서도 사물에 반사된 빛이 눈의 인지점에 도달해 사물을 볼 수 있습니다. 그러니까 역으로 물고기는 육지에 올라왔을 때, 뿌옇게 느끼고 사물을 볼 수 없는 것이지요. 그리고 여담입니다만, 참치나 다랑어는 인간의 시력으로 환산하면 0.5 정도가 된다고 하는데, 의외로 눈이 좋지가 않네요.

이러한 생물의 훌륭한 구조에 대해 과학에 기반을 둔 생물학자 중에도 '본래 그렇게 디자인되었다'고 말하는 사람이 있습니다. 이런 이야기를 들으면 생물의 구조를 디자인한 '신'

이란 존재(창조주)가 있다고 믿어버리는 것도 무리는 아니겠지요. 하지만 생물학자는 (일반적으로는) 그러한 '신'과 같은 존재를 인정하지 않습니다. 그저 이해를 편하게 하기 위해 쓰는 표현일 뿐, 기본적으로는 '본래 그렇게 디자인되어 있다'는 식의 생각을 하지 않습니다. 생물학의 배경에는 진화론이라는, 다윈 이후 인류가 성취한 가장 강력한 과학적 이론이 있기 때문입니다.

그럼에도 불구하고 역시나 인간과 물고기의 눈의 구조가 가진 차이를 알게 되면, '어쩜 이렇게 훌륭하게 디자인되어 있을까'라고 생각하게 됩니다. 실제로 그렇게 훌륭한 디자인을 할 수 있는 건 '신'뿐이라고 믿었던 사람은 역사적으로도 많이 있습니다. 진화론을 완성한 다윈 자신조차 눈의 구조가 진화에 의해 발전해왔다는 사실을 좀처럼 믿지 못했을 정도이니까요.[34] 다윈은 《종의 기원》(1859년)에서 다음과 같이 이야기하고 있습니다.

서로 다른 거리에 초점을 맞추어 적절한 빛의 양을 체내에

---

34 찰스 다윈, 《종의 기원》, 고분샤 고전 신역 문고, 2009년 9월 20일.

받아들이고, 구면수차(球面收差, 렌즈 면의 만곡 정도가 크거나 빛과 사물 사이 큰 경사에 의해 사물이 불선명해지는 현상-옮긴이)와 색수차(色收差, 물체의 상이 빛의 파장에 의해 달라지는 굴절률로 상이한 빛깔에 따라 위치나 배율을 달리하는 현상-옮긴이)를 보정하는, 어디서도 찾아볼 수 없는 구조를 가진 눈이 자연도태에 의해 만들어졌다고 생각하는 건 솔직히 너무 안이하다는 생각이 듭니다.

진화론은 천재로 알려진 다윈에게조차도 코페르니쿠스적 전환(지구 주위를 태양이 돌고 있는 것이 아니라, 지구가 태양 주변을 돌고 있다는 역접의 발상)과 같았습니다. 게다가 당시에는 진화론의 정당성을 입증하기 위한 충분한 증거도 없었기 때문에, 다윈 스스로 이를 (철학적 태도로) 의심한 것도 무리는 아닙니다. 하지만 지금은 생물의 눈이 환경에 조금씩 적응하며 진화되어왔다는 사실이 상당 부분 증명되어 있습니다.[35] 지금이라면 다윈도 편하게 잠들 수 있겠지요.

---

35 앤드류 파커, 《잠의 탄생-캄브리아기(紀) 대진화의 수수께끼를 풀다》, 소우시샤, 2006년 2월 23일.

그런데 이 세계엔 '눈'의 이론이 거론되기 훨씬 이전부터 빛의 굴절률은 공기와 수중에서 차이가 난다는 물리학적 법칙이 이미 존재하고 있습니다. 그리고 조금 전 이야기한 생물의 눈 구조는 이 물리학적 법칙에 정확하게 부합합니다. 그렇다면 눈을 '신'이 디자인했다고 했을 때, 왜 '신'은 굳이 물리학적 법칙을 따라 눈을 만들었던 걸까요. 정말 '신'이 모든 것의 창조주라면, 생물에게 볼 수 있는 능력을 부여할 때, 물리학적 법칙에 근거해 복잡한 디자인을 할 것이 아니라 물리학적 법칙 그 자체를 바꾸면 될 게 아닌가요.

백번 양보해 설령 그러한 '신'이 있다고 가정한다고 해도, 그러면 물리학적 법칙은 '신'조차도 따라야 하는, 보다 높은 차원의 위대한 존재가 되어버리는 것입니다. 혹시 '신'의 세계에도 질서라는 게 있어, 물리 법칙을 압도하는 상위(上位)의 '신'과 생물을 디자인하는 하위(下位)의 '신'이 있는 걸까요. 그런 계급이 존재하는 걸까요.

만약 그렇다고 하면 그런 '신'의 상하 관계, 룰을 만들어 낸 보다 상위의 '신'을 정의하지 않으면 안 됩니다. 그리고 그 상위의 '신'에게 그러한 능력을 부여한 존재 또한 생각해내지 않으면 안 된다는 이야기입니다. 이건 끝없이 이어지는 '신'

의 단층(段層, 계급) 구조를 받아들이냐 마느냐의 문제를 제기하는 것이고, 가능성으로서는 있을 수 있겠지만, 좀처럼 믿기 어려운 이야기입니다.

답은 둘 중에 하나입니다. 하나는 그러한 끊임없이 이어지는 '신'의 단층 구조가 존재한다고 생각하는 것. 오타카 시노부의 만화 《마기(マギ)》[36]가 주제로 삼은 것이 이러한 단층 구조였습니다. 곧 종교의 입장이겠지요. 그리고 또 하나는, 그러한 '신'과 같은 것은 존재하지 않고, 그저 오묘한 우주가 있다(그리고 그 외부에 대해서는 관측할 수 없기 때문에 이해할 수 없다)고 생각하는 것. 과학의 입장입니다. 물론 철학은 이 둘의 입장을 섣불리 믿지 않고, 안이한 로직을 부여하지도 않고, 어느 쪽도 있을 수 있다는 관점하에 증거를 찾아가며 끊임없이 질문합니다.

---

36 이슬람 세계에서 완성된 이야기를 모은 《천일야화》를 기반으로 우주의 존재에 대해 질문하는 철학적인 만화입니다. 《주간소년 선데이》(소학관)에 8년 이상 연재되며 화제가 되었습니다.

02
우리의 의식은 어떻게 만들어지는가

•철학에 있어서의 두 개의 난제•

    굳이 생물을 창조한 '신'을 정의하지 않고도 이 우주는 철학(넓은 의미에서의 과학)에 의해 (꽤 넓은 범위까지) 설명할 수 있습니다. 하지만 이렇게 말하기 위해서는 두 가지 커다란 과제가 (아직) 남아 있습니다. 그건 '이 우주는 어떻게 만들어졌는가'라는 물음과 '우리의 의식은 어떻게 만들어졌는가'라는 질문입니다. 유감스럽게도 '이 우주가 어떻게 만들어졌는가'에 대해서는 인간이 정확하게 설명하기란 불가능합니다. 우주 밖의 세계가 어떻게 되어 있는지 (현시점에서) 관측하는 방법 자체가 없기 때문입니다.

그곳에는 어쩌면 '신'이 존재할지 모릅니다. 다만, '신'이 있다고 가정해도 그건 물리 법칙을 망라하는 보다 고차원의 존재일 것이고, 인간이 상상해온 생물을 창조하는 수준의 '신'과는 다른 것입니다. 왜냐하면 우주 내부에 관한 것이라면, '신'을 정의하지 않고서도 (아마도) 거의 대부분의 것들을 물리 법칙으로 설명할 수 있기 때문입니다.

그리고 또 하나, '우리의 의식은 어떻게 만들어졌는가'라는 난제입니다. 하지만 난제라고는 해도 이 과제를 해결한다고 할 때, 철학은 인간이 그동안 믿어온 '신'에게 (거의) 승리하는 꼴이 됩니다. 그러면 우리 인간은 허무하는 고통을 얻게 될까요.

저는 그렇게 생각하지 않습니다. 오히려 인간은 물리 법칙의 세계 안에서 기적적으로 세계를 관찰하고 이해할 수 있는 존재가 될 것입니다. '신'의 노예가 아니라, 완전히 자유로운 존재로서 강하게 일어설 것입니다. '신'을 정점으로 하는 수직 사회가 아니라, 인간 외의 모든 생명 있는 존재가 동등하게 가치를 인정받으며 수평 사회를 형성하고 있음을 실감하게 되는 것입니다.

한 걸음 더 나아가면, 생명이 없는 돌과 같은 물질도 동등하고 숭고한 존재로 바라볼 수 있게 됩니다. 왜냐하면 생명이라는 존재를 기타 물질과 다른, 특별한 존재라고 생각해온 것자체가 수직 사회를 뒷받침해왔기 때문입니다.

이렇게 '신'에 의존하지 않기로 결정한 인간이 그 대신 갖게 되는 감각을 생물학자 레이첼 카슨[37]은 '센스 오브 원더'라불렀습니다. 그는 종교적 감각을 부정하지 않았고, 그의 발상은 영적인 것에 가깝게 느껴지지만, 로직을 추구하지 않고 개별성 또한 강조하지 않기 때문에 철학적 영역에 가깝다고 볼수도 있습니다. 이러한 철학적 사고가 한 켠에선 신앙에 가까운 개념과 만난다는 건 참 흥미롭게 느껴지는 지점이기도 합니다. '신'의 존재를 정의하지 않고도, 인간의 뇌는 신앙을 가질 수 있도록 환경에 적응해왔다는 이야기일까요.

---

37 Rachel Louise Carson(1907년~1964년)은 미국의 생물학자입니다. 특히 농약의 위험성을 고발하고 인류사에 있어 환경 문제의 심각함을 호소한 최초의 인물로 평가되고 있습니다. 현재 확대되어가고 있는 환경보호운동의 기반을 만든 인물이기도 하지요. 세상을 떠난 후 미국의 최고급 훈장인 '대통령 자유훈장'을 수여받았습니다.

다만, 그건 미스터리한 것에 관심을 두게 되는 인간다움의
발현이고, 지혜 축적의 기초가 되어왔습니다. 그러니까 뇌과
학적으로 봤을 때, 자기계발과 철학이 추구하는 바는 본질적
으로 다르지 않을 가능성이 있습니다. 하지만 어느 쪽을 고르
는가에 따라 인생은 크게 달라집니다.

•의식은 인간에게만 주어진
특별한 것이 아니다•

'우리들의 의식은 어떻게 만들어지는가'라는 질문에 대해, '신'의 존재를 부정한다면 어떤 설명이 가능할까요. 이건 철학이 끊임없이 묻고 있는 중요한 질문 중 하나이고, 유감스럽게도 아직 결론은 나지 않았습니다. 하지만 최근 하나의 흥미로운 관점이 화제가 되고 있습니다. 그건 눈과 같은 고도의 복잡한 기관이 진화로부터 태어난 것과 마찬가지로, 의식 또

한 진화에 의해 단순한 것에서 복잡한 것으로 발전하며 지금에 이르렀다는 견해입니다.[38]

예를 들면, 의식을 가지고 있는 생명체는 인간뿐이 아니지요. 개나 고양이와 같은 반려동물도 분명 의식을 갖고 있는 것처럼 느껴집니다. 물론 이러한 의식(자기의식=의식이 존재한다는 인식)의 유무에 대한 판단은, 보다 정확하게는 거울에 비친 자신을 보고 그것이 자신이라는 걸 이해할 수 있는가 아닌가로 결정됩니다.

구체적인 방법으로는, 확인하고자 하는 생물의 이마에 마크를 붙이고, 거울을 본 그 생물이 마크를 떼어내려 하는지 아닌지(마크 테스트)로 판단합니다. 이 테스트에 합격한 생물은 인간을 포함한 일부의 원숭이, 돌고래나 범고래 그리고 호랑이와 돼지 같은 극히 일부분의 생물이라고 알려져 있습니다(물고기의 일부도 합격을 했다는 보고는 있습니다). 하지만 그렇다면 개나 고양이는 자기의식이 없다는 결론(현시점에서는)에 이르게 됩니다. 동시에 의식이 있느냐 없느냐는, 생물 진화 정도에 따라 그 강도(그러데이션)의 차이가 있을 수 있다는 것을 의미하기도 하겠지요. 그에 더해 의식을 갖추고 있는 것

---

38 대니엘 C. 데닛, 《깨어나는 의식》, 세이도샤, 1997년 12월 1일.

이 생존상 유리한 생물만 의식을 발달시켜왔다고도 생각할 수 있습니다.

의식의 '기원'이라는 건 인간보다 훨씬 이전에 등장한 생물이 갖고 있었다고 생각하는 게 타당합니다. 그리고 그 진화의 과정은 개체별 차이가 있어, 눈의 경우와 같이 종에 따라 간단하기도, 고도의 정밀함을 갖고 있기도 합니다. 눈이 인간에게만 주어진 특별한 기관이 아닌 것과 마찬가지로, 의식 또한 인간에게만 주어진 특별한 것은 아닙니다. 하지만 그럼에도 '우리의 의식은 어떻게 만들어지는가'란 문제는 해결되지 않습니다. 그건 곧 '생물은 어떻게 태어나는가' 하는 문제로 귀결되는 이야기이고, 생물과 무생물 간의 차이라는, 보다 본질적 문제가 얽혀 있는 질문이기 때문입니다.

이 주제를 해결하기 위해서는 많은 시간이 필요하겠지요. 하지만 동시에 앞으로 과학이 풀어나가야 할 과제라고도 생각할 수 있습니다. 그리고 우리의 의식이 '신'이 인간에게만 부여한 것이 아니라고 해서, 그것만으로 '신'의 존재를 부정할 수는 없습니다. 어쩌면 '신'은 무생물로부터 생물을 만들었을지도 모르기 때문입니다.

자기계발은 여기에 이상한 이유를 갖다 댑니다. 우주에는 의식의 근원(소스)이 있고, 개개의 인간은 그 근원과 직접 연결되어 있기 때문에 의식이 존재한다는 주장입니다. 자기계발의 전형적인 논리이지요. 하지만 철학은 이에 대해 '알지 못한다'는 입장을 부정하지 않습니다. 소크라테스 이후 지금껏 변하지 않고 있는 '철학적 태도'입니다.

이와 관련해서는 '테세우스의 배'라고 불리는, 철학에 있어 매우 중요한 '사고(思考) 실험'이 있습니다. 그건 나를 구성하는 모든 물질이 완전히 동일한 조건에서 복제되었을 때, 그곳에 존재하는 의식은 '나의 것과 일치하는가'라는 물음입니다.[39]

만약에 자기계발이 주장하는 것처럼 의식이 '원천'에서부터 만들어졌다면, 나와는 전혀 다른 누군가가 만들어지겠지요. 하지만 의식이 물질로부터 만들어진다고 가정하면, 두 사람의 내가 존재하게 되는 것입니다.

---

39 동일한 '사고 실험'을 스완부만(沼男)이라 말하기도 합니다. 스완부만이라는 사람은 늪 옆에서 벼락을 맞아 죽었습니다. 동시에 그 벼락은 늪에서 이상한 화학반응을 일으켜, 죽은 스완부만과 완전히 동일한 구성을 갖춘 또 다른 스완부만을 만들었다고 합니다. 그때 새롭게 태어난 스완부만은 마치 자신이 죽은 스완부만인 것처럼 집으로 귀가를 하고 직장에 출근까지 합니다. 과연 이 두 스완부만에게 서로 다른 의식이 존재한다고 말할 수 있을까요.

그리고 주의해야 할 것은 동양에서는 이러한 불가사의한 것들을 논리에 기반하지 않고 이해하려 하는 태도가 역사상 존재해왔다는 것입니다. 근래엔 '생각하지 않고 느끼다'라는 동양적 사고방식이 세계적 붐이 되기까지도 했지요. 이와 관련해서는 조금 더 구체적으로 고찰해보고자 합니다.

03
동양 사상의 결정적 약점

•진리에 도달하기 위해서는
체험밖에 없다고 이야기하는 동양 사상•

철학을 진지하게 공부하다 보면, 기본적으로는 서양 철학
자나 서양적 학문을 연구한 철학자(라기보다는 대부분 과학자)
들의 이름이 자주 등장합니다. 물론 그것이 동양에 뛰어난 사
상이 부재했다는 것을 의미하지는 않습니다. 다만, 동양 사상
에는 철학을 탐구함에 있어 결정인 약점이 있고, 그런 이유로
유용하게 활용할 수가 없습니다.

그럼 동양 사상(철학과 구분해 이야기하기 위해 일부러 '사상'이란 단어를 골랐습니다)과 철학의 결정적 차이는 무엇일까요. 그건 동양 사상은 '우주의 진리를 터득한 인물의 존재를 믿는다'에 기반하고, 철학은 '우주의 진리를 찾기 위해 의심할 수 없는, 빈틈없는 사실들을 하나둘 쌓아간다'는 태도를 취하고 있다는 것입니다.

먼저, 동양 사상에서는 갑작스레 진리를 깨달은 인물이 등장합니다. 그리고 그 진리를 언어로 설명하는 것을 애초부터 포기해버립니다. 다음을 이어가려는 사람에게는 매우 곤란한 일이지요. 하지만 동시에 어쩔 수 없는 일이기도 합니다. 왜냐하면 동양 사상은 '말에 의한 사고로는 진리에 도달할 수 없고, 오직 체험만이 그럴 수 있다'고 주장하고 있기 때문입니다. 처음부터 언어에 의한 사고를 부정하고 있기에, 동양 사상은 철학(최대한 의심할 수 없을 언어로 사고하는 체계)이 될 수 없는 것입니다.

영화 〈용쟁호투〉[40]에는 전설의 쿵후 마스터 브루스 리가

---

40 쿵후 영화의 금자탑이라 얘기되는 1973년 작품으로. 세계적인 흥행작입니다. 브루스 리는 이 영화의 개봉 후 서른두 살이라는 젊은 나이에 목숨을 잃었고, 본 작품이 유작이 되었습니다. 촬영 중 이름을 알리려는 목적으로 브루스

다음과 같은 대사를 읊는 장면이 나옵니다.

"Don't think, feel! It's like a finger pointing away to the moon. Don't concentrate on the finger, or you will miss all the heavenly glory."

"생각하지 마, 느끼는 거야. 진리로 향하는 길은 달에 가는 것과 같아. 달을 손가락으로 가리켜도 달에는 갈 수 없어. 손가락에 집중하는 게 아니라, 달 그 존재를 느끼지 않으면 진리에는 도달할 수 없어."

이 유명한 대사에는 사실 출처가 있습니다. 아시아 지역에 널리 퍼져 있는 불교 사상으로 '달을 가리키는 손가락'이라는 설법(說法)입니다.[41] 일본에서는 선문답의 하나로 알려져 있기도 하지요. 그런데 이 설법에선 불교를 포함해 붓다[42]의 가르

리에게 도전해온 사람(엑스트라 중 한 명)이 나타난다든지, 브루스 리가 코브라에 물리는(다행히 독이 퍼지지는 않았다) 등 촬영 중의 전설적인 에피소드도 다수 기록되어 있습니다.

41 나카무라 하지메, 《불교의 말 살아가는 지혜》, 주부의친구출판, 1995년 8월.

42 붓다(깨우친 사람), 본명 고타마 싯타르타는 기원전 5세기경 등장한 불교

침을 '손가락'에 비유하고, 진리를 '달'로 삼아 이야기하고 있습니다. 진정한 불교는 붓다를 '신'과 같은 존재로 삼고 있지 않음을 이 설법을 통해 알 수 있습니다. 불교는 오히려 붓다의 존재를 똑같이 진리를 향해 나아가고 있는 (우리의) 동지로 보고 있는 것입니다.

그리고 여기에는 동양 사상을 관통하는 진리에 대한 자세가 드러나 있습니다. 그건 말하자면 '손가락 연구'와 같은 작은 사실들을 쌓아가며 언젠가 진리에 이르고자 하는 철학적 입장을 부정하는 것입니다. 하지만 그 철학이 만들어낸 과학의 힘으로 인류는 실제 달 착륙에 성공했다(1969년 7월 20일)는 사실을 망각해서는 안 됩니다. 진리는 제쳐두고라도 말 그대로 달에 갔다는 의미에서, 이 (그럴듯하게 들리는) 설법은 틀린 얘기가 됩니다.

하지만 유념해두어야 하는 건 '그래서 동양 사상은 안 돼'라고 말할 수 없다는 것입니다. 동양 사상 가운데는 철학이 겨우 이뤄낸 경지에 서양보다 앞서 2000년이란 시차를 두고

의 선조로 칭해지는 인물입니다. 당시의 인도에서 왕족으로 태어나 아내와 자식까지 뒀지만 29세가 되던 해에 진리를 찾으러 가족을 버리고 출가했습니다.

도달한 사례가 실제로 존재하기 때문입니다. 예를 들어 제가 본 책에서 주장하는 테마의 근간은 서양적 철학을 전제로 한 가설이지만, 동시에 고대 인도의 성인으로 유명한 야즈나발키아(Yājñavalkya)[43]에 의한 '범아일여[梵我一如, 우주의 근본 원리인 범(梵)과 불변하는 영원한 존재로서의 아(我)가 하나라는 사상-옮긴이]'[44]와 (거의) 흡사합니다. 저는 이 야즈나발키아의 사상[45]을 처음 접했을 때 충격을 받고 한동안 말을 잃었습니다. 솔직히 '이런 기적이 있을까'라고 생각했을 정도입니다.

동양 사상에는 이러한 천재적 인물이 갑작스레 등장합니다. 그렇기 때문에 철학을 하는 사람이라고 해도 동양 사상을 결코 무시할 수는 없습니다. 거기에는 진리를 향한 다수의 힌트가 숨어 있기 때문입니다. 하지만 그 이후 발전이란 측면에

---

43   고대 인도(기원전 650년경) 최고의 철학자로 칭해지는 사람으로, 불교적 사상의 기반을 만든 인물로 주목받고 있습니다.

44   우주를 지배하는 원리(梵=brahman, 힌두교, 인도 철학에 있어 우주의 원리)와 나(我=Atman, 종교에서 사용하는 용어로 의식 가장 깊숙한 내면에 존재하는 개인의 근원)는 불가분의 관계이며 동일한 존재라는 사상입니다. 이를 체험할 수 있다면 인간은 고뇌로부터 해방될 수 있다고 주장했지요. 이는 야즈나발키아의 독자적 사상은 아니었고, 당시 인도에서는 전통적인 사고방식이었습니다. 하지만 야즈나발키아는 이를 유일하게 언어로 체계화한 인물입니다. 다만, 이는 '영혼의 불멸'을 이야기하는 오컬트가 아니기에 주의해야 합니다.

45   이카리 야스케, 와타세 노부유키 역, 《야즈나발키아 법전》, 헤본샤, 2002년 1월 1일.

있어 한순간에 진리를 터득한 천재에게 의존하고 있는 동양 사상에는 한계가 존재합니다. 천재의 생각만으로 달에 갈 수 없는 것처럼 이 세계를 빈곤으로부터 구제하는 일 역시 할 수 없기 때문입니다.

우선 갑자기 진리에 도달할 수 있는 천재라는 건 수적으로 극히 한정된 소수입니다. 동양 사상에서 과혹한 수행을 거치고도 진리에 도달하지 못하는 사람이 압도적으로 다수입니다. 그리고 여기에 자기계발이 치고 들어갈 틈이 생겨나버립니다. 물론 동양 사상을 자기계발이라고 말하려는 건 아닙니다. 제가 이야기하고자 하는 건, 동양 사상의 존재 방식은 동양 사상 행세를 하는 가짜가 생겨버리기 쉬운 토양을 막지 못하고, 부득이하게 만들어내고 있다는 것입니다. 로직의 가능성을 부정하는 동양 사상에는 누구든 자신이 진리를 터득했다고 주장하는 사람을 부정할 수 있는 방법이 없기 때문입니다.

•동양 사상의 보존이 자기계발의
토양을 만들고 있다•

　동양 사상을 배울 때는 진리에 도달한 천재 같은 존재를 그저 믿으며 따라갈 수밖에 없습니다. 결과적으로 그 사람은 '신'과 일체화된 숭고한 존재로 미화되고, 동양 사상은 (거의 예외 없이) 창시자를 '신'으로 받드는 종교가 되어갑니다. 사실 붓다나 공자도 본래는 철학자에 가까운 존재이지만, 현대 사회에서는 '신'으로 칭송받는 존재가 되어버렸지요. 일부의 이야기이기는 합니다만, 동양 사상의 공부 모임과 같은 것이 종교적으로 변해가는 것도 이러한 배경이 있기 때문입니다.

이렇게 동양에는 진리(답)를 알고 있는 사람에게 (손쉽게) 의존하려는 문화가 뿌리 깊습니다. 그에 기반해 형성된 감성을 존중하며 로직의 가치는 낮게 평가하는 토양은, 동양 세계의 발전을 서양에 비해 뒤처지게 한 이유이기도 합니다. 또한 이 토양이 자기계발이 확산하는 배경이 된다는 것 역시 명백하겠지요.

물론 제대로 된 자기계발에 '종이에 쓴 목표는 달성된다'와 같은 얄팍한 것은 없습니다. 또한 서양 사상에 있어서 감성을 경시해왔다는 반성의 목소리도 있습니다. 다만, 진리를 마주하는 태도에 있어 동양 사상과 자기계발 사이에 차이가 거의 없다는 것은 분명 주의가 필요합니다.

다시 반복해 이야기하면, 동양 사상은 기본적으로 생각하는 것이 아니라, 체험하고 믿는 것으로만 이루어져 있습니다. 그리고 그건 결과적으로 종교화될 수밖에 없다는 의미이고, 동양 사상 최대의 약점이기도 합니다. 동양 사상에서는 창시자가 체험한 진리가 정말 우주의 진리인지, 아니면 단순한 오해인지, 어떤 관점으로도 부정 또는 증명할 수 없습니다. 그 결과 철학의 씨앗이 될 만한 뛰어난 사상과 한낱 오컬트에 지나지 않는 것들이 마구 뒤섞여버리게 됩니다.

그리고 오컬트를 전제로 한 종교는, 빈곤 비즈니스와 엮이면서 (창시자와 그 주변만이) 극적으로 돈을 벌게 되는 것이죠. 정말 유감스럽게도 동양 사상과 자기계발은 궁합이 매우 잘 맞는 것입니다.

언어를 사용해 논리적으로 증명할 수 없는 것은 축적되지 않습니다. 가령, 이 세상에 동양 사상밖에 없었다면 인간이 달에 상륙하는 일은 일어나지 않았겠지요. 물론 달에 가는 일이 중요하다는 이야기는 아닙니다. 다만, 동양 사상이 천재에게만 진리가 전달된다는 강렬한 선민성(選民性, 선택된 자에 대한 특별함)을 갖고 있는 것에 반해, 철학은 그 성과(예를 들면, 의약품의 효과를 증명할 수 있는 과학 기술과 같은 것 등)가 만인에게 전달된다는 특징이 있습니다.

그리고 현대의 일본은 사실 동양 사상의 메카입니다. 일본의 '선(禪)' 사상은 본래의 불교에 가장 가까운 형태로 남아 있다는 의견이 있을 정도입니다. 아시아 국가 중 가장 급속하게 서양화되어온 일본에선 동양 사상이 점점 잊히는 것에 대한 경각심으로 동양 사상을 끊임없이 주목해왔습니다. 그런 이유로 다른 아시아 국가보다 동양 사상을 보존해온 역사가 더 길고 넓습니다.

그리고 동양 사상을 근원으로 하는 일본의 이런 '태도'는, '종이에 쓴 목표는 달성된다'와 같은 명백한 거짓말조차 쉽게 받아들여질 수 있는 토양을 만들었다고 이야기할 수도 있겠지요. 그런 토양을 악용하려고 하는 자기계발에 있어서 이만큼 최적의 시장도 없는 것입니다.

04
왜 갑작스레 진리를 터득하는
천재가 나타나는 것일까

•뇌에는 인간이 이해할 수 있는
모든 것이 처음부터 들어 있다•

동양 사상에는 철학의 시점에서 보아도 진리라고 받아들일 수밖에 없는 것들이 존재합니다. 하지만 그런 것들을 '기적이 존재하는 증거'[46]로 사고하지 않는 것이 철학의 기본자

---

46 기적이 존재한다고 말하는 입장은, 그 기적을 일으키는 초자연적 힘의존재를 믿는 것입니다. 그리고 세상에 존재하는 불가해한 모든 것을 기적으로 받아들이면, 이 세계는 '신'이 창조했다는 결론에 이르게 됩니다.

세입니다. 실제로 갑작스레 진리를 터득했다는 사례는 동양 사상뿐 아니라 철학(과학을 포함하여)의 세계에도 다수 존재합니다. 서양에서도 이러한 불가사의함을 고민하고 또 고민한 끝에 철학의 길이 아닌 '신의 계시', 종교의 영역으로 빠져버린 예도 있습니다. 하지만 본래의 철학은 그러한 태도를 허용하지 않습니다. 불가해한 것을 불가해한 것으로 두지 않고, 동시에 '신'의 존재로도 설명하지 않는 것이 철학의 중대한 결정이기도 하기 때문입니다. 이번엔 그러한 서양의 예를 이야기하겠습니다.

중성자성에 관한 연구의 선구자로 알려진 천문학자 프리츠 츠비키[47]가 중성자별(neautron star, 중력과 균형이 잡혀 있는 초고밀도의 별-옮긴이)의 개념을 제시했을 때, 그를 설명할 만한 물리학적·천문학적 기초 지식은 당시 없었습니다. 이는 곧 츠비키가 물리학이나 천문학의 기초를 바탕으로 초신성(진화의 마지막 단계에 이른 별이 폭발하면서 생기는 엄청난 에너지를 순간적으로 방출하여 평소의 수억 배에 달하는 빛을 내다 서서히 낮아

---

47 프리츠 츠비키(Fritz Zwicky, 1898년~1974년)는 스위스 천문학자로 20대 후반 미국으로 건너가 활동했습니다. 로켓에 관한 기술을 개발한 것으로 유명합니다.

지는 현상-옮긴이)이란 개념에 도달한 것이 아니라는 이야기
입니다. 실제로 이 초신성이 발견된 것은 그로부터 34년이나
지난 뒤였습니다. 또한 츠비키는 우주의 25%를 차지하고 있
는 다크 매터(암흑물질)의 존재도 예언하고 있습니다.

　다크 매터에 대한 예언은 오랜 시간 무시되어왔습니다만,
현재는 많은 천문학자가 의심하지 않을 정도로 유력한 학설
이 되었습니다.[48] 그리고 에르빈 슈뢰딩거[49]는 현대 물리학의
근간이자 양자역학의 기반인 슈뢰딩거 방정식을 발견했습니
다. 노벨 물리학상 수상자 리처드 파인만[50]은 이 슈뢰딩거 방
정식을 다음과 같이 이야기합니다.[51]

　어디서부터 이것이 구해진 것일까. 하지만 어디서부터도 아

48　티모시 페리스, 〈수수께끼로 가득한 보이지 않는 우주〉, 《내셔널 지오그
래픽》 일본판, 2015년 1월호.
49　에르빈 슈뢰딩거(Erwin Schrodinger, 1887년~1961년)는 오스트리아의
유명한 물리학자로, 물리학의 많은 중요한 발견에 기여했으며, 철학적 연구에
서도 생명 발생과 관련한 고찰에 많은 영향을 끼쳤습니다.
50　리처드 파인만(Richard Feynman, 1918년~1988년)은 미국의 물리학자
입니다. 원자폭탄 제조(맨해튼 계획)에 참가한 것으로 후에 비난을 받았지요.
1965년에 일본인 도모나가 신이치로와 함께 노벨 물리학상을 수상했습니다.
51　리처드 파인만, 《파인만의 물리학 '5' 양자역학》, 이와나미서점, 1986년
4월 7일.

니다. 이걸 우리가 알고 있는 것들로부터 끌어낸다는 건 불가능하다. 이는, 슈뢰딩거의 정신에서 태어난 것이다. 현실세계에 대한 실험사실(實驗事實, experiment fact)을 이해하려는 그의 고군분투가 발명해낸 것이다.

슈뢰딩거는 당시 실험 같은 걸 할 수 있는 환경을 갖추고 있지 않았습니다. 그는 제2차 세계대전의 소용돌이 속에 함락된 비엔나에서 돌연 양자역학의 진리를 깨달은 것입니다.[52]

그리고 이러한 인간의 불가해함에 대해 현대 컴퓨터의 기초가 된 논리학을 확립한 철학자 찰스 퍼스[53]는 인간은 올바른 가설을 세울 수 있는 능력(the power of guessing right)을 갖고 있다고 주장합니다.[54] 하지만 이 역시 갑자기 진리에 도달해버리곤 하는 인간의 불가해함을 퍼스 나름대로 깨달은 것에 지나지 않습니다.

---

52 또한 최근 '영적인 영역'에서는 '가짜 양자역학'이 유행하고 있습니다만, 그걸 이야기하는 사람도, 듣는 사람도 물리학적 기초를 갖고 있지 않습니다. 자기계발이 권위를 위해 잘 알지도 못하는 것을 사용하는 예 중 하나입니다.
53 찰스 퍼스(Charles Peirce, 1839년~1914년)는 미국의 수학자입니다. 철학자로서도 명성이 높고, 지식의 유용성에 주목한 철학 프래그머티즘의 창시자로 알려져 있습니다.
54 Lorenzo Magnani, "The Abductive Structure of Scientific Creativity: An Essay on the Ecology of Cognition".

그리고 이런 인간의 불가해함에 대해 뇌과학의 관점에서도 접근할 수 있습니다.[55] 그 결과, 인간이 직감에 의한 번뜩임을 얻는 순간, 오른쪽 측두엽(청각 수용 영역인 피질 측면부)에서 대량의 감마파가 발생한다는 것이 입증되었습니다. 또한 명상을 하는 승려의 뇌를 연구한 결과, 명상 시간과 감마파의 양에 상관관계가 있음이 드러났습니다.[56] 다만, 이 감마파가 실제로 어떻게 '번뜩임'에 작용하는지는 (아직) 알려지지 않았습니다.

이러한 가설들을 심리학은 'FOK[Feeling Of Knowing/기지감(既知感)]'으로 설명하려 합니다. FOK란 간단히 말하면, '느끼다(feeling)'란 행위를 표현한 용어입니다. 그리고 이 FOK란 말에 'feeling'이라는, 앞서 이야기한 브루스 리의 대사 'Don't think, feel'과 같은 단어가 포함되어 있는 것에 주목하기 바랍니다. 심리학은 서양에서 시작돼 발전해온 것임에도 어딘가 조금 이상한 느낌이 듭니다.

---

55 John Kounios, "The Eureka Factor: Aha Moments, Creative Insight, and the Brain", Random House, April 14, 2015.
56 제프리 M. 슈워츠, 샤론 페그레이, 《마음이 뇌를 바꾸다-뇌과학과 '마음의 힘'》, 선마크출판, 2004년 6월.

예를 들어, '처음 만난 사람임에도 예전부터 알고 있었던 사람인 것 같은 기분이 든다'라는 FOK가 있다고 해봅시다. 오컬트는 이를 '전생의 기억'이라 말하고, 그래서 자신들의 (과학적 증명이 부재한) 로직을 믿으라고 이야기합니다. 하지만 철학은 '사람의 뇌에는 얼굴 인식을 위한 조직이 있고, 얼굴의 특징으로부터 위험한 타입과 안전한 타입을 구별해 인식하는 것이 아닐까'라는 가설을 세우고 검증합니다.

오컬트에는 믿는 것밖에 없습니다. 하지만 철학은 가설이 진짜인지 아닌지를 검증하고, 결과를 세계와 공유하고, 나아가 후세로 이어갑니다.

동양 사상에서는 'feeling'을 '기적의 증명'으로 치부하는 경향이 있습니다. 그리고 그것을 종교나 자기계발의 구심력으로 이용하려는 사람들도 있습니다. 하지만 철학은 'feeling'의 원인을 뇌과학과 같은 도마 위에 올려놓고, 그 원인을 조금도 의심할 수 없을 정도로 실험하며 이론으로 구축하려 합니다. 설령 그게 정말 중요한 진리라면, 특정한 천재들만 알고 있는 건 아까운 일이기 때문입니다.

저명한 철학자인 칸트[57]는 '뇌가 이해할 수 있는 모든 것들은 물질로서의 뇌, 그 존재에 의해 정해져 있다'는 가설을 주장했습니다. 만약 이것이 진리라면, 뇌 속에는 인간이 이해할 수 있는 모든 것이 처음부터 들어가 있다는 이야기가 됩니다. 그렇다면 갑자기 천재가 나타나는 것도 전혀 이해 못 할 이야기는 아닙니다.

그리고 이러한 생각은 인터넷 접속에서의 '엔드 투 엔드 원리(End-to-End Principle)'[58]와 많이 유사합니다. '엔드 투 엔드 원리'는, '깨지기 쉽고 신뢰할 수 없는 부품으로 인해 신뢰성이 높은 네트워크가 구축된다'는 것을 목적으로 발전해 왔습니다. 간단히 말하면, 불완전한 중간 접속 매개를 버리고 정보의 발신원과 그 정보를 구하는 수신원을, 복잡함을 복잡한 그대로 놔둔 채 직접적으로 연결한다는 발상입니다.

뇌 또한 네트워크입니다. 그리고 인간이 무언가를 이해한

---

57 임마누엘 칸트(Immanuel Kant, 1724년~1804년)는 독일의 철학자입니다. 현대 철학에 위대한 영향을 끼친 인물로 근대 철학의 아버지라 불립니다. 하지만 사생활에서는 철학에 관한 이야기를 하는 것을 꺼렸고, 밝고 사교적인 인물이었다고 알려져 있습니다.

58 Saltzer, J. H.; Reed, D. P.; Clark, D. D., "End-to-End Arguments in System Design", Proceedings of the Second International Conference on Distributed Computing Systems:509-512, April 1981.

다는 것은 대상이 되는 개념을 철학의 언어(과학을 포함)로 정의해가는 작업입니다. 여기서 언어라는 건 깨지기 쉽고 신뢰하지 못하는 부품이라 이야기할 수 있겠지요. 인간이 가진 언어 중 가장 신뢰성이 높은 것은 수학입니다. 하지만 수학으로는 설명하지 못하는 것들이 실재한다(게텔의 불완전성 정리)는 것은 이미 알려진 사실입니다.[59]

---

59 이는 '신'에 대한 증명이 아니라, 단순히 인간이 사용하는 언어의 한계를 보여주고 있을 뿐입니다. 인간이 수학을 대신할 언어를 개발한다든지 또는 인공지능이 인간과는 다른 방법으로 세계를 이해할 수 있게 된다면, 오컬트가 믿는 '신'의 영역은 비좁아질 것입니다.

•생물은 태어날 때부터
'알아야 할 것을 알고 있다'•

여기서 잠시, 인간과 같이 고도의 언어를 갖고 있지 않은 생물에 대해 생각해보겠습니다. 생물의 세계에서는 진화론으로 모든 걸 설명할 수 있다고 하면서도, 자꾸만 '신'의 존재를 믿고 싶어지는 매우 이상한 일이 빈번히 발생합니다.

예를 들어, 소수(素數) 매미(주기 매미)는 17년 주기로 대량 발생한다고 알려져 있습니다. 한꺼번에 여러 마리가 함께 발생하면 포식자에게 잡아먹혀 절멸할 가능성(또는 개체로서 멸종될 가능성)이 줄어들기 때문입니다. 그에 더해서 대량으로 발생하는 주기를 소수로 잡아놓으면, 2년이나 5년마다 태어나는 포식자로부터의 공격도 피할 수 있습니다.

또한 악어 중 일부는 극한 추위로 인해 생식 환경인 호수가 얼어붙을 때, 코만 얼음 밖으로 내밀어 호흡을 확보합니다.[60] 악어는 폐로 호흡하는 생물이기 때문에 머리 윗부분이 얼음으로 뒤덮이면 산소를 공급받을 수 없어 질식사하기 때문입니다. 그렇게 코만 밖으로 내놓은 채 몸통은 동면 상태를 유지하며 호수의 얼음이 녹기를 기다리는 것이죠.

그리고 뻐꾸기는 새끼를 스스로 돌보지 않고, 다른 새의 둥지에 알을 낳은 뒤 임자 새(숙주)에게 위탁하는, 탁란(托卵)을 하는 것으로 유명합니다. 탁란을 하는 새는 전 세계 20종 이상이라고 알려져 있습니다. 그리고 뻐꾸기의 알은 임자 새의 알보다 빨리 부화합니다. 나머지 알들을 둥지에서 떠밀어버리고, 엄마 아닌 엄마 새가 가져다주는 모이를 혼자 독차지하기 위함입니다.

60　CNN, 〈악어가 수중에서 '동면', 코만 얼음 밖으로 내놓는다-한파의 미국 남부〉, 2018년 1월 11일.

소수 매미는 17년이란 세월을 땅속에서 유충으로 보내며 발생 타이밍을 '시작!'이라고 서로 이야기하는 걸까요? 악어는 호수의 온도가 떨어지기 시작하면, 코를 수면 밖으로 내놓으라고 부모에게 지도를 받기라도 하는 걸까요? 그리고 뻐꾸기의 새끼는 주변의 다른 알들을 떠밀어버려야 한다는 매뉴얼을 알 속에서 습득하는 걸까요? 어느 하나도 있을 수 없는 이야기입니다. 아무리 생각해봐도 인간처럼 고도의 언어를 갖지 않은 생물이라 할지라도 생물은 태어날 때부터 '알아야 하는 것을 알고 있다'는 결론에 이르게 됩니다.

그렇다면 우리 인간의 뇌 또한 언어로 설명할 수 있는 것보다 훨씬 많은 것들을 이미 처음부터 알고 있다는 이야기가 됩니다. 그리고 그건 물질로서의 뇌에 물리적으로 새겨져 있다는 사실에 의심의 여지가 없겠지요. 뇌는 태어났을 때부터 '알아야 하는 것을 알고 있다'라고 생각하는 게 보다 자연스러운 것입니다.

그리고 이는 그야말로 네트워크의 '엔드 투 엔드 원리'와 동일하다고 말할 수 있습니다. 복잡한 우주 안에서 그 복잡한 것들 중 생존과 생식에 영향을 줄 만한 것들은 뇌에 이미 기록되어 있습니다. 언어라는 불완전한 부품을 매개로 하지 않고도, 생물은 분명히 살아갈 수 있는 것입니다.

그리고 이는, 즉 인간 외의 뇌를 가진 동물은 FOK만으로 살아간다는 말이기도 합니다. 물론 인간이 FOK를 갖고 있다는 것도 전혀 이상한 이야기는 아니지요. 실제로 인간이 번뜩임을 얻을 때 뇌의 상태는 인간이 무언가를 '생각해내려' 할 때의 상태와 동일하다는 연구 결과가 있기 때문입니다.[61] 그에 더해 그때의 뇌는 보수계(報酬系)가 자극을 받아 쾌감을 동반한다고도 합니다.

쾌감이라는 건 애초 이성에 의해 발생하는 것이 아니고, 욕구가 채워졌을 때 생겨나는 것입니다. 그리고 그러한 욕구를 갖는 것만으로 자연도태(우연)를 극복해왔다고 한다면, 우리의 쾌감이란 생존과 생식에 매우 중요한 의미를 갖고 있다는 것이 명백해집니다. FOK는 쾌감이자, 그것을 중요시 여기는 것 또한 생물로서 매우 자연스러운 일인 것입니다.

그리고 때때로 인간 중에는 다른 사람보다 뛰어난 FOK를 가진 천재가 나타납니다. 동양 사상에서는 그러한 천재가 진리를 언어로 설명하는 노력도 없이 교조가 되어버립니다. 하지만 서양 철학에서는 그를 모두가 이해할 수 있는 언어로 표

---

61 모기 겐이치로, 《깨어나는 뇌》, 신초사, 2006년 4월 15일.

현하려 합니다. 여기에 철학의 우위성이 있습니다.

혹시나 싶어 덧붙입니다만, 이건 '신'이 인간의 뇌에 필요한 정보를 새겨놓았다는 이야기가 아닙니다. 다윈의 진화론이 언어로 완성한 자연도태 법칙에 의해 멀고 먼 세월을 거쳐 자연스레 실현된 것입니다. 인간도 '알아야 하는 것을 알고 있다'고 말할 때, 그 '알아야 하는 것'이 이렇게나 넓고 다양하다는 것은 정말 행복한 일이라고 말하지 않을 수 없습니다.

철학을 정의하는 것은 어려운 일이지만, 그 하나의 답으로서 '지(知)를 사랑한다'라는 것이 있습니다. 그리고 인간만이 뛰어난 FOK를 가진 천재가 얻어낸 '번뜩임'을 언어를 통해 다른 개체에게 전달하는 것이 가능합니다. 설령 그것이 불완전하다 할지라도, 언어라는 것 자체가 인간을 이 지구상의 다른 동물보다 훨씬 번영할 수 있게 만들어준 원인이라는 것은 틀림없는 사실입니다. 철학이란 FOK를 언어로 표현하려 하는 것과 같은 것이라 생각합니다.

우리 안에 있는 '말로는 표현할 수 없지만 어딘가 알 것 같은 느낌이 든다'와 같은 알아차림을, 쉽게 의심할 수 없는 언어로 일궈내려는 시도가 (분명) 철학인 것입니다. 우리가 고도의 언어를 공부해야 하는 이유와 필요성도 바로 여기에 있습니다. 누군가의 께름칙한 말을 무분별하게 믿어버리는 행위는, 인간의 가능성을 후퇴시킬 뿐입니다. 손쉽게 진리의 교조를 찾을 게 아니라, 철학이라는 공동 작업에 참여해야 할 때입니다.

조조에 의한 오컬트 규제[62]

악의적인 자기계발을 포함해, 오컬트가 유행하는 데는 시대적 배경이 작용합니다. 문서로 확인되는 역사 중 이를 깨달은 사람으로 《삼국지》의 유명한 영웅, 조조 맹덕(曹操孟德)이 있습니다.

전쟁, 빈곤, 역병이 들끓는 난세에 사람들은 지푸라기라도 잡는 심정으로 구원을 찾습니다. 그리고 시대의 불안을 먹이

---

62   사카이 조, 《조조-난세를 어떻게 살아갈 것인가》, PHP연구소, 2015년 6월 15일.

로 삼으려는 자기계발적 오컬트가 다수 출현하게 됩니다.《삼
국지》의 배경이 된 시대 또한 오컬트가 침투한 시기였습니다.

그런 가운데 조조는 당시 만연해 있던 사기꾼 장사치들을
제거하는 일에 앞장섰습니다. 그의 아들 조식(曹植)이 쓴《변
도론(弁道論)》은 다음과 같이 말하고 있습니다.

> 우리 왕(조조)은 전국 곳곳의 선인들을 모두 궁정으로 불러
> 모았다. 감릉에서는 감시(연금술사)가, 여강에서는 좌자가,
> 양성에서는 극검(100일간 단식을 하고도 아무런 변화가 없었
> 다고 알려진 선인-옮긴이)이 모였다. 감시는 행기인도(기공의
> 기술)에 탁월한 자이고, 좌자는 방중술(자양강장의 기술)에
> 해맑고, 극검은 곡단(穀斷, 단식의 기술)에 뛰어난 인물이며,
> 이들은 모두 연령이 300세라고 공언하고 있다. 우리 왕(조
> 조)이 그들을 위나라 궁정으로 불러모은 진의는, 이러한 선
> 인 집단이 악인들과 패를 이뤄 사람들을 속이고 미신을 부
> 추겨 민중을 현혹할 것을 우려했기 때문이다. (…) 왕(조조)
> 부터 태자(조비), 그리고 우리 형제는 이들의 언설이 '어처구
> 니없는 이야기'라 간주해 믿지 않았다. 그렇기 때문에 감시
> 들이 위로부터 받는 급여에는 일정 정도의 제한이 있었고,

봉록 또한 역인(役人, 관아에 물건을 나르고 심부름하던 사람-옮긴이)에게 주어지는 것을 넘지 않았으며, 아무런 공적도 없는데 특별 표창이 내려지는 일 또한 없었다.

조조는 사기꾼 장사치들을 궁궐에 가둠으로써 민중을 오컬트로부터 떨어뜨려놓았던 것입니다. 하지만 그 안에는 극히 일부이지만 진짜도 섞여 있었습니다. 그것이 '신의(神醫)'라 불리던 화타(華佗, 2세기 후반부터 3세기 사이 명의로 이름을 날렸던 의사-옮긴이)입니다.

화타에 관한 기술은 보존이 잘되어 있어 정사(正史)에만도 열여섯 가지의 치료 기록이 남아 있습니다.[63] 화타는 역병이 창궐했던 《삼국지》의 시대를, 현대에 빗대어 말하면 '국경없는의사회'처럼 중국 전토를 뛰어다니며 활동했던 영웅이었습니다. 우연히도 화타의 고향은 조조와 같이 패국(沛國) 초군(譙郡)[현재의 안후이성(安徽省)] 보저우시(薄州市)입니다. 지금도 이 지역은 중국 사대 한방 시장 중 하나로 손꼽히며 '작약(芍藥)의 마을'이라 불립니다. 작약의 뿌리는 통증을 줄여주고 지

---

63 나카타 신이치, 〈조조와 화타〉, 고야마 공업고등전문학교 연구기록, 제32호, p203-212, 2000.

혈작용이 있는 생약이며, 화타도 당시 이 작약의 뿌리를 사용했다는 전설이 있습니다.

현대에서 이 화타란 인물은 복부 절개 수술을 위한 '마취' 기법을 세계에서 가장 처음 발명한 사람으로 알려져 있기도 합니다. 《위지(魏志)》(중국의 삼국시대 위나라의 역사책-옮긴이)에 의하면, 그때 화타가 사용했던 것은 '마비산(麻沸散)'이라 불리는 마취약이었습니다.

하지만 이 마취 기술을 포함한 화타의 의료 노하우는 모두 조조의 오컬트 규제로 인해 남아 있지 않습니다. 조조의 오른팔이라 불리던 순익(荀彧, 중국 후한 말기 조조의 책사-옮긴이)이 화타를 사면해달라고 청원했음에도 불구하고, 조조는 화타를 사형시켜버렸습니다. 화타의 직감이 발견해낸 진리, 그 의료 노하우가 여기서 모두 제거되어버린 것입니다. 그런 이유로 세계의 의료 기술은 크게 후퇴하게 되었습니다.

그 기술의 후퇴가 더욱 현저한 건 마취 기술에 있어서입니다. 삼국시대에 화타가 확립했던 마취 기술이 다시 '부활'하게 되는 건 화타가 죽은 이후, 무려 1600년이나 흘러서였기 때문입니다.[64] 조조는 아끼던 아들 조충(曹沖)을 병으로 잃었

---

64 현대의 마취 기술이 확립된 건 1840년대 미국, 영국에서입니다. 화타의

을 때(208년), 화타를 죽여버렸던 일을 심히 후회했다고 합니다.[65] 조충[66]이야말로 자신의 후계자라고 생각하고 있었기 때문에 실로 큰 충격이었던 것입니다.

그리고 이렇게 조충을 병으로 잃게 된 일이 조씨 가문의 위왕조(魏王朝)가 45년밖에 지속되지 못한 진짜 원인이라고 보기도 합니다. 단명하는 왕조가 후세에 의해 실패한 왕조라는 레테르가 씌워지는 일은 다반사이고, 이것이 현대에 있어 조조에 대한 좋지 않은 이미지가 확산된 이유이기도 합니다.

오컬트를 규제하는 건 매우 중요한 일입니다만, 오컬트라

경구 마취약 '마비산'의 존재는 1849년 프랑스에서 발표되었고, 많은 논란이 일었습니다. 또한 일본에서도 1809년에 하나오카 세이슈가 '마비산' 복원에 성공했습니다[하나오카는 이를 '쓰우센산(通仙散)'이라 불렀습니다]. 서양에 40년이나 앞선 기록입니다.

65 《위서》〈화타전(傳)〉에는 '사랑하는 아들 창서, 아픔으로 괴로워하다. 군주는 한탄하며 말하길, 우리 화타를 죽게 한 일을 후회하노라'라고 기술되어 있습니다. 여기서 창서는 조충의 자이며, 대군은 조조를 가리킵니다.

66 〈조충전〉에는 조충이 대여섯 살임에도 마치 성인과 같이 지혜를 갖추고 있고, 인애가 넘치는 인물로 기록되어 있습니다. 에피소드 중에는 오나라의 왕 손권으로부터 코끼리가 선물로 도착한 이야기가 유명합니다. 조조가 코끼리의 체중을 측량할 방법을 고민하고 있을 때, 조충은 '코끼리를 배에 태워서 수면 높이 부분에 표시를 하고, 코끼리를 배에서 내리게 한 뒤 표시까지 배가 가라앉을 만큼의 돌의 무게를 조사하면 된다'고 진언했다고 합니다. 조충은 열세 살의 나이에 병으로 세상을 뜹니다.

간주되기 쉬운 사상 중에는 동양 사상적으로 진리가 포함된 경우도 있습니다. 진짜 문제는 우리 인간이 (아마) 오컬트와 진리를 구분할 수 있는 뛰어난 방법을 갖고 있지 않다는 사실이겠죠.

제 3 장

철학으로의
초대

인생은 길과 닮아 있다. 가장 가까운 지름길은

대부분 가장 나쁜 길이다.

～～～～～～～～

| 프랜시스 베이컨 |

01
고전 철학의 대략적인 흐름

**•프로타고라스는 '인간은 만물의
척도'라고 생각했다•**

소크라테스, 플라톤, 아리스토텔레스와 같은 고대 그리스
를 뿌리로 하는 철학의 기조는 그대로 현대까지 이어지고 있
습니다. 보통 사람들이 철학을 공부한다고 할 때, 이러한 철
학자들의 연구를 접하게 되지요. 하지만 주의해야 할 것은 철
학을 하는 것과 철학자에 대해 배우는 것은 엄연히 다르다는
점입니다.

칸트의 말을 빌리면, 철학이란 과거의 철학에서 지식을 배우는 것이 아니라, 자신의 이성에 기반해 진리를 탐구하는 것입니다. 물론 철학자에 대해 알아두는 것도 자신의 철학을 위해 도움이 되는 일입니다. 다만, 대부분의 철학자들이 이야기하는 것들이란 매우 난해하고 갈피를 잡기 힘들며, 나아가 지루하기 그지없습니다.

적지 않은 사람들이 철학에 흥미를 갖고 있습니다. 엄밀하게는 근본적으로 철학에 흥미를 갖고 있지 않는 사람은 없다고 생각합니다. 특히나 자기계발에 빠져버리는 사람은, 실은 철학을 구하고 있는 거라고도 말할 수 있습니다. 하지만 그렇게 철학을 배우려고 해도, 철학자란 사람들이 그렇게나 난해하고 어려우면 많은 사람은 좌절하게 됩니다. 그래서 여기에서 먼저 고전 철학의 흐름에 대해 간략하게 정리해보려 합니다. 철학을 제대로 소화하고 있는 사람이라면 '부정확하다', '그런 얘기 한 적 없어', '전후 문맥을 무시하고 있다'고 비난할지도 모르겠습니다.

하지만 그렇게 정확함을 좇으려고만 하면 몇 번의 인생을 더 산다 해도 부족할 것입니다. 그리고 철학자에 대해 정확하게 이야기한다는 것은 철학이 아닙니다.

그러면 이어서 고전적 철학에는 어떤 물음들이 있고, 어떻게 사고해야 하는 것인가에 초점을 두고 저의 해석을 풀어놓으려 합니다.

　　먼저, 고전적 철학의 기원은 프로타고라스(기원전 500년경~기원전 430년경)에서 시작된다고 알아두면 이해가 쉬워집니다. 하지만 프로타고라스의 저작물은 현재까지 남아 있는 게 거의 없고,[67] 이후 플라톤에 의해[68] 신랄하게 비판당하기 때문에 프로타고라스에 대한 정확한 인물상은 알 수 없는 상황입니다.

　　그런 이유에서 프로타고라스는 《삼국지》 속 동탁(董卓, 중국 후한 말기의 무장이자 정치가-옮긴이)과 비슷한 처지[69]에 있는

67　프로타고라스는 《신들에 관하여》라는 저작에서 '신'의 존재를 의심하는 언술을 행합니다. 이로 인해 불경죄를 지었다고 해서 아테네에서 쫓겨나게 됩니다. 이때 프로타고라스의 저작이 모두 소각되었다고 전해집니다.

68　플라톤이 남긴 《프로타고라스-소피스트들》이란 저작이 있습니다. 여기서 플라톤은 소크라테스와 프로타고라스가 대화하는 형식을 써서 프로타고라스로 대표되는 과거 철학자들의 입장을 비판합니다.

69　《삼국지》에서 동탁이란 존재는 일반적으로 악역으로만 기술되어 있습니다. 하지만 동탁은 당시 중국에서 이(異)민족과 융화 정책을 추진하는 등 글로벌한 활동을 한 인물이었습니다. 또한 압도적인 권력을 손에 쥐고도 자신은 제왕이 되지 않는 등 단순히 악역이라고 이야기할 수 없는 부분이 많습니다. 문제는 동탁에 대한 기술이 이후 권력자들에 의해 작성된 것밖에 존재하지 않는다

인물이라 할 수도 있습니다. 다만, 매우 중요한 사실은 프로타고라스는 '인간은 만물의 척도이다'라는 유명한 말로 철학의 시초를 만들었고, 하나의 매우 중요한 입장을 구축했다는 것입니다.

이 문장이 의미하는 것은, 절대적 진리라는 것은 존재하지 않고, 진리란 개인 각자가 자신의 생각으로 그리는 주관적인 것에 지나지 않는다는 것입니다. 이를 상대주의(인간 중심주의)라고 이야기합니다. 그리고 놀라운 건 이 상대주의라는 게 최근 철학에 있어서도 중요한 테마로 논의되고 있다는 점입니다. 도리어 현대 사회의 철학, 그 중심에는 상대주의가 있다고 말할 수 있을 정도입니다.

철학은 진리를 좇기 위해 여러 가지 견해, 생각을 의심하는 것으로 성립됩니다. 그렇기 때문에 프로타고라스가 말한 것처럼 절대적 진리라는 게 없다고 한다면, 애초 철학은 성립할 수 없습니다. 그렇게 철학은 시작부터 철학 그 자체를 의심하고 있는 것입니다. 이건 정말 그야말로 흥미로운 이야기입니다.

는 것입니다. 그에 의하면 동탁은 시대의 모든 악을 짊어진 운명을 타고 태어난 사람으로 기술되어 있습니다.

프로타고라스가 살았던 당시의 그리스는 배경이 서로 다른 인종이 뒤섞여 있는, 다양성을 품은 커다란 사회였습니다. 그런 사회에서는 종교관을 필두로 서로 다른 가치관이 부딪치기 마련입니다. 아마도 어떻게든 '누가 옳은가'를 가리려는 다툼이 끊이지 않았을 것입니다. 프로타고라스는 그런 사회에 대해 '절대적 진리란 없다. 모두 제각각 자신의 방식으로 옳다(인간은 만물의 척도이다)'라고 이야기한 것이겠지요. 이는 당시 평화를 위한 획기적인 발상이었을 것입니다.

•소크라테스는 '애초 철학이란
무엇인가'를 생각했다•

프로타고라스의 이런 생각에 대해 소크라테스(기원전 469년경~기원전 399년)는 절대적 진리란 존재하지만, 누구도 그걸 아는 사람은 없다는 입장을 취합니다. 그리고 절대적 진리에 이르기 위해서는 '지(知)'를 추구하는 태도가 필요하다고 주장했습니다. 그는 인간에게 있어 가장 중요한 것은 '선하게 사는 것'이며, 그를 위해 중요한 것은 '지를 사랑하는 것'이라고 생각했습니다. 여기에서 '사랑(필로스)'과 '지(소피아)'가 더해져 '철학(필로소피)'이란 말이 생겨납니다.

즉 소크라테스는 애초 철학의 목적은 '선하게 사는 것'이며, 객관적으로 일반화할 수 있는 '지(知)'를 사랑하는 것이야말로 그를 달성하기 위한 수단이라고 생각한 것입니다. 이 부분은 다소 자기계발적인 느낌이 들기도 합니다.

그리고 소크라테스는 '지(知)를 사랑하기' 위해서 중요한 건, 자신이 아무것도 알고 있지 못함을 자각하는 것이라고 이야기합니다. 이는 프로타고라스가 주장했던 '인간은 모두 제각각 올바르다'라는 명제를 '모두가 틀렸다'고 반박하는 역접의 의미를 갖습니다.

소크라테스의 이러한 주장을 '무지(無知)의 지(知)'라고 이야기합니다. 그리고 그 후 '철학이란 애초 무엇인가'라는 소크라테스의 질문은, 철학 그 자체를 묻는 중요한 의제가 되어 왔습니다.

그렇다면 자신은 아무것도 모른다는 것을 받아들인다고 할 때, 우리는 무엇을 바탕으로 '지'를 획득해야 할까요. 애초 바탕이 틀렸다면 그 위에 무언가를 쌓아간다고 해도 무의미한 일이 되어버릴 뿐입니다. 그리고 그 바탕이라는 건 반드시

의심할 여지가 없는 사실이어야만 합니다.

하지만 모든 것을 의심하면서 태어난 철학은 어떤 의미에서 그 정의부터 바탕이 될 무언가의 존재를 용납하지 않습니다. 소크라테스 이후의 철학은 다양한 방향으로 발전해왔지만, 그야말로 자기계발처럼 되어 길을 헤매게 됩니다.

•데카르트의 '방법적 회의(懷疑)'는
인류를 비약(飛躍)하게 했다•

그렇게 종교에 패한 철학을 재구축하기 시작한 건 데카르트(1596년~1650년)입니다. 수학자이자 근대 철학의 아버지라 불리기도 하는 데카르트는 결코 의심할 수 없는 진실로서 '나는 생각한다, 고로 존재한다'는 명언을 남겼습니다. 즉 이렇게 의식을 갖고 생각하는 내가 존재한다는 건, 명확하고 의심할 수 없다는 입장을 취한 것입니다.

이는 당시 '신이 창조했고, 내가 존재한다'는 자기계발적 인식에 대한 커다란 비판이었습니다. 데카르트는 모든 걸 '신'에게 맡겨버리는 당시의 흐름에서 벗어나, 철학에 있어서의 '방법적 회의'란 개념을 제시했습니다. '방법적 회의'란 다음과 같습니다.

① 확실한 증거가 있는 사실만 다루는 것
② 사물(일)을 작게 나누어 생각해보는 것
③ 지식은 의심할 수 없는 단순한 사실에서 시작해 복잡한 것으로 발전시켜나갈 것
④ 허점이 없는지 늘 되돌아볼 것

이런 구조를 갖고 있습니다. 이 '방법적 회의'는 현대 과학의 발전을 지탱하는 근간이 되기도 합니다. 학문을 하고 있는 이라면, 소위 '로지컬 싱킹(Logical Thinking)'이란 것도 이를 바탕으로 하고 있음을 알아차리겠지요. 그의 대표적 저작인 《방법서설(方法予說)》이 이야기한 것은 '이성을 올바르게 사용하고, 진리를 탐구하는 학문적 방법'이었습니다. 그렇게 데카르트 이후, 철학과 과학을 나누어 사고해야 할 필요성이 적어

졌습니다. 이를 학문적 용어로는 '대륙 합리주의'라고 이야기 합니다.

•프로타고라스적 상대주의에 다시 불을 지핀 흄•

흄(1711년~1776년)은 이러한 데카르트의 사상에 프로타고라스적 상대주의를 가져와 반대 입장을 표하고 있습니다. '나는 생각한다, 고로 존재한다'와 같이 'OO하니까 OO하다'와 같은 관계를 '인과관계'라고 이야기합니다만, 흄은 인간이 알 수 있는 모든 것에 있어서의 인과관계를 의심합니다. 이런 것들은 그저 모두 한정된 경험 속에서 어쩌다 옳게 보이는 것에 지나지 않는다는 입장입니다.

대신 흄이 이야기하는 건 이 순간 자신이 느낀 것만이 진실이라는 입장입니다. 이를 데카르트가 완성한 '대륙 합리주의'에 대립되는 의미로 '영국 경험주의'라고 부릅니다. 이 순간 자신이 느낀 감정이란 당연히 모두 다를 것이기 때문에, 그야말로 프로타고라스적 입장의 '재연(再燃)'이라 말하지 않을 수 없습니다.

그렇다면 흄은 '지구가 자전하기 때문에 태양은 동쪽에서 뜬다'와 같은 인과관계마저 부정하고 싶었던 걸까요? 이에 관해서는 철학자 사이에서도 이론이 있습니다만, 저는 그렇게까지 극단적인 이야기는 아니라고 생각합니다. 아마도 흄은 무분별하게 생겨나 무비판적으로 받아들여지고 있던 당시의 인과관계에 대해 경각심을 불러일으키려 했던 게 아닐까요. 가령 아무리 충분한 근거를 갖춘 과학적 법칙이 도출되었다고 해도, 그다음 순간 그것이 계속 적용될 거라고 단언할 수 있을지는 매우 어려운 문제입니다.

애초 데카르트의 '나는 생각한다, 고로 존재한다'라는 인과관계는 충분히 의심의 여지가 있습니다. 왜냐하면 '나'라는 인식 자체가 어떻게 생겨났는지에 관해 아직 밝혀지지 않았기 때문입니다. 밝혀지지 않은, 알지 못하는 것을 의심할 수 없는 진리로 삼는 것은 '신'의 존재를 믿는 것과 완전히 동일한 이야기가 됩니다.

그리고 앞서 이야기한 '우리의 의식은 어떻게 만들어졌을까'라는 문제는, 철학에 있어 매듭이 지어지지 않은 난문 중 하나이고, 반(反)데카르트 입장의 예로 남아 있습니다. 물론 지금도 해결되지 않았고, 앞으로도 (당분간은) 해결될 일이 없겠지요.

또한 지금 이 순간에 느끼는 것을 진실로 삼는 '영국 경험론'은 언어에 의한 진리 탐구를 포기하는 동양 사상에 가까운 발상입니다. 좀처럼 반박이 어렵습니다. 그로 인해 과학적 기술이 발전할 일은 없겠지만, 그렇다고 무시할 수 있는 철학도 아닙니다. 실제 인류는 과거 진실이라 믿었던 과학적 견해가 후세에 의해 부정되어온 경험이 숱하게 많습니다. 현대 과학에 있어 흄과 같은 회의가 늘 따라다닌다는 건 매우 중요한 포인트입니다.

•사르트르로 인해 자기계발은 부정된다•

사르트르(1905년~1980년)는 이러한 과거의 철학적 논쟁들을 받아들이며, 그렇게 모든 것은 의심할 수 있고 인간은 진리에 도달할 수 없다는 사실에 절망합니다. 인간은 자신의 힘으로는 진리를 깨달을 수 없다고 이야기한 신란(親鸞)의 철학과 동일한 입장입니다.

예를 들어, 연필은 무언가 쓰는 것을 목적으로 합니다. 자전거라면 이동하는 것이 목적이겠지요. 하지만 인간은 특정한 목적을 지닌 도구가 아닌, '목적을 갖지 않은 자유로운 존재'입니다. 설령 목적을 진리 탐구라고 생각한다고 한들, 그 진리에는 도달할 수 없습니다.

하지만 살아갈 목적을 부여해주는 '신'에 대한 믿음이 아닌, '지(知)'를 사랑하기로 결정한 사람이라면, '목적을 갖지 않은 자유로운 존재'라는 사실을 받아들여야 합니다. 이는 '어떻게 살아야 하는가'는 완전히 자신의 몫이란 이야기지만, 동시에 절대적 진리를 갖지 않은 이상, 그에 지침(指針)이 되는 건 아무것도 없다는 이야기이기도 합니다. 여기서 자기계발의 모든 것이 부정됩니다.

하나부터 열까지 모든 게 자유라는 건 고통입니다. 그건 불확실한 세계에서 불확실한 것에 의지해 어떻게든 살아가지 않으면 안 된다는 이야기입니다. 사르트르는 이 절망을 '자유의 벌(刑)'이라고 표현했습니다. 자기계발의 반대편에 있는 것은 철학이라는 '자유의 벌'인 것입니다.

도를 넘은 자기계발에는 철학에 의한 회의(懷疑)가 필요합니다. 역으로 정도가 지나친 철학에는 무언가 신앙이 필요하겠지요. 인간은 '자유의 벌' 안에서만 살아갈 수는 없습니다. 절대적 진리(그것이 존재한다는 가정하에)에 도달할 때까지도 무언가를 결정하며 살아가야 합니다. 그리고 그때 판단에 기준이 되어 있는 건 증명되지 않은 사상, 신앙에 지나지 않는 것들이라는 건 좀처럼 부정할 수 없을 것 같습니다.

•칸트는 철학에 생명을 부여했다•

사르트르와는 시기가 많이 차이납니다만, 칸트(1724년
~1804년)는 이 '자유의 벌'을 부정하고 있습니다. 칸트는 애
초 인간은 생물이자 뇌를 이용해 사고하는 물질적 제약을 갖
고 있는 이상, 그만큼 자유롭지 않다고 생각했습니다. 이성을
활용하면 어떤 것이든 사고할 수 있습니다. 죄가 될 만한 짓
도 벌을 각오한다면 행동으로 옮길 수 있습니다. 이와 같이
이성에 주목하면 우리는 자유로운 존재라고 생각할지 모릅니

다. 하지만 욕구로 초점을 돌려보면, 우리의 이성이란 그렇게 자유롭지 못하다는 걸 알게 됩니다.

인간은 목적을 갖고 있지 않는 듯 보여도 실은 욕구를 충족시키는 것이 목적이 되어 움직입니다. 칸트는 이성에 의해 진리에 도달한다는 건 애초 인간에게 불가능하다고 생각했습니다. 자신의 저작인 《순수이성비판》에서 그는 '대륙 합리주의'와 '영국 경험론'의 한계를 뛰어넘으려 합니다. 그리고 그 결론은 인간은 생물의 한 종으로서 한계를 공유하고 있고, 그 공유하는 인식을 인간의 진리로 삼을 수 있다는 것이었습니다.

그러한 공통의 인식은 절대적 진리가 아닐지 모릅니다. 오히려 틀린 법칙을 모두가 옳다고 오해하며 살아갈 가능성이 더 클 수도 있습니다. 하지만 그 결과가 많은 사람의 욕구를 채워주고, 전쟁 없는 행복한 사회(영원한 평화)를 가져와준다면, 살아가는 데 별문제는 없을 것입니다. 그리고 여기서 절대적 진리란 별로 중요하지 않게 됩니다.

•포스트모던의 시대에는•

　이러한 철학자들을 중심으로 발전해온 철학은, 현재 포스트모던이라는 '병'에 걸려 있습니다. 포스트모던은 어떤 의미에서 가장 먼저 소개한 프로타고라스 철학의 재연(再燃)입니다. 말하자면 절대적 진리는 존재하지 않고, 진리란 이 순간을 살아가는 개인 각자에 따라 모두 다르다는 입장입니다.

　'남이 알아줄 필요는 없다'라는 난해한 현대 예술가부터 '환자가 아프다면 아픈 것이다'라고 말하는 의사의 비논리적 입장까지 포스트모던은 현대 사회의 구석구석에 침투해 있습니다.

'나에게 진리라면, 그건 곧 진리'라는 포스트모던적(的) 입장은 자기계발에 유리합니다. 근래 자기계발이 기세를 떨치게 된 사회적 배경엔 포스트모던 철학의 영향도 있습니다. 다만, 철학의 역사가 다시 반복된다고 한다면, 다음에 주목받게 되는 건 절대적 진리의 탐구겠지요. 저는 그것이 인공지능의 등장으로 가속화될 것이라고 생각합니다.

02
인간을 불행하게 하는 인식에 대하여

•'내가 옳다'는 절망•

인간의 분노는 역사상 많은 문제를 일으켜왔습니다. 극단
적인 경우, 전쟁으로 이어졌습니다. 그런데 그러한 분노의 원
인이 되는 건 '나야말로 옳다'는 인식입니다. 프로타고라스는
이를 '그저 우리는 서로가 다를 뿐, 모두 옳다'는 상대주의로
무마하려 했지요. 어떤 의미에서 그의 이런 사고는 현대 사회
에서 이야기하는 다양성과 흡사하기도 합니다.

하지만 '나만이 옳다'는 인식으로 인해 벌어지는 폐해를

프로타고라스적 상대주의만으로 극복할 수는 없습니다. 실례로 우리는 지금까지 수도 없이 많은 전쟁을 벌여왔기 때문입니다. '나만이 옳다'는 인식은 자신과 다른 가치관을 부정하는 것으로 성립하고, 그 결과 타자로부터의 조언을 듣지 않게됩니다. 역사의 밑바탕이 되어온 인류의 지혜 또한 배울 기회를 갖지 못하는 것입니다

그리고 '나만이 옳다'라는 인식의 배경엔 인간의 인정 욕구가 있습니다. 뿌리를 살펴보면 그건 생존과 생식을 목적으로 하는 생명의 본능이기도 합니다. 자신이 다른 사람보다 옳다고 하면, 그만큼 주변으로부터 인정을 받겠지요. 결과적으로 선택을 받을 것입니다. 하지만 그건 타자가 틀렸음을 입증하고 난 후에야 비로소 성립되는 이야기이고, 그야말로 절망적일 정도로 곤란한 작업입니다. 끝내 폭력(전쟁)에 이르게 되는 인간의 업보인 것입니다.

현실 세계에서 폭력을 빌리지 않고 '내가 옳다'고 주장하기 위해서는, 사업이나 스포츠 등 하나의 세계에서 성공해 부와 명성을 얻는 방법밖에 없습니다. 하지만 지금까지 이야기해온 것처럼 그런 성공을 손에 넣을 수 있는 사람은 극히 소

수입니다. 오히려 성공하지 못한 사람이 다수라는 것이 철학적 현실이라 말하지 않을 수 없습니다.

경쟁 사회에서의 수험 공부라는 건 이러한 인간의 병을 조장하는 결과를 낳습니다. 암기력을 전제로 한 소수 집단 내에서의 승부에서는, 자신이 다른 사람보다 옳다는 것을(그러한 유전자를 갖고 있는 사람에게는) 간단하게 증명할 수 있기 때문입니다. 지금껏 인정 욕구를 채워온 고학력 소유자가 자기계발이나 컬트 종교의 강렬한 신자가 되기 쉽다는 건 이러한 논리로 설명할 수 있습니다. '나만이 옳다'고 증명할 수 있는 기쁨을 알았음에도 불구하고, 현실에서는 성공하지 못하고 있기 때문입니다. 자기계발에 빠지기 쉬운 사람의 특성으로 대졸 남성, 정사원, 체육계 배경을 가진 사람이 거론되는 것 역시 위와 같은 맥락의 이야기입니다.

'나만이 옳다'고 인식하고 있는 사람은 자신에게 불리한 일이 벌어지면 그 사실을 왜곡해 해석하는 경향이 있다고 알려져 있습니다[인지적 불협화(認知的不協和)]. 당연하게도 성공하고 인정 욕구를 충분히 채우며 산다는 건 확률적으로 매우 낮은 일입니다. 이 사실을 받아들이지 못했을 때, 인간은 인지적 불협화로 자기계발에 빠지게 되고, 같은 맥락에서 전쟁까지 벌이는 사태를 초래하는 것입니다.

•흥미를 자신의 외부에 두는 것이 철학•

칸트에 빗대어 생각해보면, 인간의 뇌가 (자연스레) 만들어낸 철학이라는 건 이렇게 험난한 상황을 극복하기 위해서입니다. 철학은 자기 자신이라는 인식조차 의심하기를 장려하며, 세계의 존재 방식에 흥미를 갖고 자기 자신에 대해서는 흥미를 거두는 것을 목표로 해왔습니다. 이는 본능에 대한 인간의 도전이라는 면에서 의미가 있습니다. 중요한 건 철학적 방식을 배워가며 '나만이 옳다'는 인식을 부정해가는 것입니다.

'옳음'을 자신의 내면이 아닌 외부에서 찾아가는 것이 철학, 그리고 과학의 근본적 태도입니다. 그것이 설령 절대적 진리가 아니라 할지라도 이 세계의 흥미로움에 감동할 수 있다는 건 매우 값진 일입니다. 자신이 아무리 초라한 존재라는 걸 알아버렸다고 해도, 행복감을 얻을 수 있는 방법이 (나의 내면이 아닌 어딘가에) 존재한다는 것이기 때문입니다.

하지만 칸트조차 인간이 '나만 옳다'라는 인식을 완전히 초월하여 인정 욕구를 채우지 못한 채 도덕을 지키며 산다는 건 불가능하다고 생각했습니다. 그럼에도 철학은 '나만 옳다'라는, 인간을 불행에 빠지게 하는 태도를 실질적으로 무력화시킨다는 의미에서 중요합니다. 그건 자신보다 중요한 무언가를 발견하는 수단이고, 자기 자신보다 중요한 무언가를 위해 살아간다는 구제의 길이기도 하기 때문입니다.

그런데 사실 '자신이 옳다'라는 인식을 극복해낸 사람을 구별해내는 건 의외로 간단합니다. 그건 자신의 외부에 강렬한 흥미를 갖고 있는 사람이라는 것과 동일한 의미이기 때문입니다. 그런 사람들은 자신의 성공에는 전혀 도움이 되지 않는 것들에 몰두합니다. 취미랄지, 아니면 놀이랄지. 그리고 그 끝에는 철학적 진리를 추구하는 문학과 순수과학이 있습니다. 문학과 순수과학이라는, 전혀 사회에 도움이 되지 않는 학문이 지금 일본의 대학에서 사라지고 있다는 건 우연일까요. 일본이 침몰하고 있는 오늘날, 자기계발이 사회 전체에 흘러넘치고 있는 건 우연일까요.

물론 우리는 살아가지 않으면 안 됩니다. 그런 의미에서 도움이 되는 것들을 공부하는 것도 중요하겠지요. 하지만 도움이 되는 무언가라는 것은, 당연한 이야기입니다만, 목적이 아닌 수단입니다. 공부를 하는 목적이 인정 욕구를 채우기 위한 것이라면 그저 허무한 결과가 기다리고 있을 뿐입니다. 하지만 그것이 도움은 되지 않지만 몰두하고 싶고 하고 싶은 것이라면, 우리는 평화를 잃지 않은 세상에서 살아갈 수 있을 것입니다.

아이를 돌보는 일 또한 인정 욕구를 채운다는 점에서는 별 도움이 되지 않습니다. 최근에는 양육의 코스트 퍼포먼스(비용 대비 효과)가 마이너스라는 이야기도 있습니다. 하지만 애초 돈이라는 건 목적을 이루기 위한 수단에 지나지 않기 때문에, 코스트 퍼포먼스가 마이너스라는 건 그야말로 우리가 살아가야 할 목적인 것입니다.

우리에게 아이란 외부 세계에 자신보다 중요한 것을 갖게 해주는 소중한 존재입니다. 그런 의미에서는 철학에 다다르는 가장 빠른 지름길은 아이를 갖는 일일지도 모르겠습니다.

그리고 '나만이 옳다'라는 인식을 부추기는 과도한 경쟁 사회가 양산하는 건 예외 없이 저출산입니다. 코스트 퍼포먼스가 마이너스라면 경쟁 사회에서는 살아남을 수 없기 때문입니다. 특히 앞날이 막막한 일본에선 살아가기 위해 필요한 자원이 부족하고 그런 이유로 아이가 필요 없다고 생각하는 사람들이 늘어납니다. 아이가 싫다는 사람조차 있습니다. 반면 아이를 갖고 싶어도 이런저런 이유로 갖지 못하는 사람도 다수 있겠죠.

그런 이유로 아이에 의지할 수 없는 지금이야말로 자기계발이 아닌, 넓은 의미에서의 철학을 추구해야 할 때가 아닐까요.

03
철학을 행함에 있어서의 유의점

•재현성으로 자기계발을 부정하다•

철학은 이성으로 세계의 많은 것을 이해하려는 노력입니다. 여기서 주의해야 할 것은 진리(옳은 것)를 어떻게 판단할 것인가의 문제입니다. 이에 관한 방법론이 없다면 철학과 자기계발은 구분이 애매해지고, 자기계발이 진리처럼 느껴질 우려도 있습니다.

애초 자기계발은 자신의 입장이 옳다고 주장하고 있기 때문에, 스스로 판단 체계를 갖추고 있지 않다면 그에 방어할

도리가 없습니다. 이러한 판단에 도움이 되는 것이 데카르트의 '대륙 합리주의'에 기반을 둔 철학적 태도입니다.

본론에 들어가기에 앞서 과학의 한계를 먼저 짚어보겠습니다. 세상에는 과학으로 판단할 수 있는 것과 그럴 수 없는 것들이 있습니다. 과학이란 의외로 과학으로 판단 가능한 것들 사이에서만, 비좁은 범위에서 적용되고 발전해왔습니다. 그리고 '대륙 합리주의'에 기반하는 철학조차 과학으로 판단하기 어려운 것들에 대해서는 아무런 답도 할 수 없습니다. 그렇게 무력합니다.

다만, 과학으로 판단할 수 있는 비좁은 영역에 문제가 있다면, 그 대상이 옳지 않다는 결론을 내리는 것이 가능합니다. 그리고 대부분의 자기계발들은 이러한 과학적 근거에 기반해 비교적 간단히 부정됩니다.

예를 들어, 점성술은 천체의 위치에서 의미를 끌어내려는, 인류가 오랜 시간 믿어온 오컬트입니다. 하지만 우주에는 무수한 별들이 있고, 인간에겐 점으로밖에 보이지 않는 것들도 실은 인간의 눈으로 확인할 수 없을 뿐, 하늘은 별들이 빈틈없이 채우고 있다는 사실을 알게 된다면, 그건 매우 멋쩍어지는 이야기입니다.

물론 자기계발의 모든 것을 이런 식으로 부정할 수 있는 건 아닙니다. 이건 그저 자기계발이 이야기하는 것 중 과학으로 접근할 수 있는 영역에 한한 말입니다. 또한 부분적으로 틀렸다고 해서 그 자기계발이 주장하는 모든 것이 잘못된 것인지 아닌지는 알 수 없습니다.

다만, 우리는 잘못된 사실이 과학적 검증도 없이 그대로 퍼져가고 있다는 점에서 그 대상을 신뢰할 수 없는 것입니다.

여기서 과학에 쓰이는 신뢰라는 말은 일반적으로 통용되는 것과 조금 차이를 갖습니다. 과학에 있어서 신뢰란 두 가지 조건을 필요로 합니다. 첫 번째는 상대가 주장하는 이야기에 논리적 모순이 없을 것. 두 번째는 상대가 주장하는 바를 실행했을 때 자신도 상대방과 다르지 않은, 완전히 동일한 경험을 할 수 있을 것이라는 기대, 즉 재현성(reproducibility)에 대한 높은 수준의 기대입니다. 이 두 가지 조건이 갖춰졌을 때, 그 대상은 신뢰할 수 있다고 이야기합니다. 그리고 그건 철학에 있어서도 신뢰할 수 있는 대상입니다.

하지만 주의해야 할 것은 논리적 모순이 없다고 할지라도, 그것만으로 상대가 주장하는 바가 진실인지 아닌지는 판단할 수 없다는 것입니다. 실제로 미디어에 자주 거론되는 것처럼 과학 행세를 하는 거짓말 같은 낭설도 주기적으로 등장합니다. 다만, 과학에 있어서 신뢰란 논리적 모순이 없고 동시에 높은 재현성을 기대할 수 있는 것을 지칭한다는 점을 먼저 이해해둘 필요가 있습니다.

하나의 자기계발에 대해 그 일부를 과학적으로 부정할 수 있다고 해봅시다. 그 시점에 그 자기계발은 과학적 신뢰를 잃게 됩니다. 그리고 그건 곧 그 자기계발이 주장하는 것은 재현성이 결여되어 있다는 이야기입니다. 그러니까 자기계발의 주장을 받아들여 똑같이 실행해본다 한들 똑같은 결과는 얻을 수 없다는(재현성이 낮다) 결론이 됩니다.

예를 들어 '종이에 써놓은 것은 실현된다'라는 자기계발의 주장은 종이에 써놓았지만 실현되지 않은 많은 사례들로 재현성을 쉽게 부정할 수 있습니다. 그리고 그건 철학에 있어서도 옳지 않은 이야기가 됩니다.

철학은 회의(懷疑)를 전제로 합니다. 까다로운 체크를 거듭하고, 그럼에도 옳다고 판단될 때만 진리(법칙)라 부를 수 있습니다. 과학은 그러한 철학을 지탱하는 중요한 수단입니다. 조금이라도 논리적 모순이 발견되면, 또는 재현성이 낮다고 판단되면, 철학은 그 시점으로부터 철학으로서의 임무를 다하게 됩니다. 철학에 있어 그 대상은 더 이상 진리라 이야기할 수 없기 때문입니다.

04
영혼은 불멸의 존재인가?

• 영혼의 불멸을 의심하기 때문에
죽음의 공포를 넘어설 수 없다 •

적지 않은 자계계발은 전생(지금의 인생을 살기 이전에 살았던 인생)이라는 게 있다고 이야기합니다. 영혼은 사멸하는 것이 아니라, 하나의 생명이 끝나도 다음의 생명이 그 뒤를 잇고, 영혼은 영속한다고 믿는 생각입니다. 그런데 여기에 전제가 되어 있는 건 다음과 같은 조건입니다.

① 영혼이란 육체와 분리되어 존재한다.

② 그것은 사멸하지 않고 계속 남아 있다.

③ 그것이 다른 육체 안에서 시간을 초월해 머문다.

이러한 주장 속에는 극히 일부라 할지라도 무언가 진실이 있을 수 있다는 가능성을 완전히 부정할 수 없습니다. 실제로 이 문제에 대해서는 고대 그리스 시대부터 논쟁이 존재했고, 철학(과학)의 영역에서는 '옳지 않음'을 증명하지 못한 채 '알지 못한다'의 상태가 계속되고 있습니다. 그런데 문제는 어떻게 그 '알지 못함'을 알아버린 사람이 존재하는가란 부분입니다.

물론 동양 사상처럼 그들의 주장 속에 진리가 숨어 있을 가능성까지 부정하지는 못합니다. 다만, 이야기할 수 있는 건 '깨달았다'고 이야기하는 대다수 사람들의 주장은 잘못됐다는 확률론뿐입니다.

개인적으로 사별한 가족이나 친구를 다시 한 번 만날 수 있다면 좋겠다고 생각합니다. 죽은 다음에도 사랑하는 사람들을 만날 수 있다면 얼마나 좋을까, 바라지 않을 수 없습니다. 그리고 만약 그게 실현 가능하다면, 죽음을 더 이상 두려워하지 않게 될 것입니다.

그렇다면 반대로 우리는 왜 죽음을 두려워하고 있는 걸까요. 그건 아마 여지없이 우리 인간은 영혼의 불멸을 계속 의심해왔기 때문입니다. 근원적으로 접근해보면, 철학을 하고 있기에 더욱더 우리는 죽음을 쉽게 받아들일 수 없는 것입니다.

인간에게 FUD[불안, 불확실함, 의념(疑念, 의심스러운 생각)]를 피하고 싶은 욕구가 있다는 건 앞에서 이야기한 그대로입니다. 그리고 인간에게 있어 죽음이 최대의 FUD라고 한다면, 죽음을 부정하려는 자기계발이 주목을 받는 건 당연한 이야기입니다. 니즈가 압도적으로 크기 때문에 여기에서 자기계발 비즈니스가 크게 번성합니다.

철학의 입장에서 그 대다수는 잘못투성이인 장사치입니다만, 혹시 그중 '진짜'가 섞여 있을 가능성은 좀 전에 이야기한 대로 부정할 수 없습니다. 다만, 그중 하나의 자기계발을 골랐을 때, 그것이 우연히도 진리일 가능성은 천문학적 확률로 낮다는 인식 또한 갖춰야 합니다.

하지만 이러한 배경을 알았다고 해도 영혼의 불멸에 대해서는 왠지 믿고 싶어지는 구석이 있습니다. 개인적으로 마음에 걸리는 건 먼저 영혼의 수(數)에 관한 문제입니다. 인류는 인구를 늘려가며 생존해왔습니다. 일본은 인구 소멸 사회로 돌입하고 있지만, 세계적으로는 아직 늘어나는 추세입니다. 하지만 어떤 '종'이라 해도, 그것이 등장했을 초기에는 매우 적은 수였을 것입니다. 의심할 여지가 없는 이야기입니다.

예를 들어, 인류는 1천 명부터 시작했다고 해봅시다(극단적으로는 아담과 이브, 두 명에서 시작되었다고 합니다만). 그런데 그것이 지금은 100억 명에 육박할 정도의 기세로 불어나고 있습니다. 그렇다면 1천 명 분의 영혼은 지금 1억 분의 1만큼 '농도'가 옅어진 걸까요. 이에 대해서는 영혼은 종의 구분 없이 윤회전생(輪廻轉生)한다는 반론이 있을 수 있습니다. 하지만 그 경우, 전생에서 사람이 인간이었을 확률은 극히 희박해지고, 적지 않은 자기계발은 존재의 기반을 잃게 됩니다.

또 하나 지적하고 싶은 건, 영혼이 불멸의 존재라 할지라도 그것이 구원을 받을 수 있다는 이야기는 아니라는 것입니다. 예를 들어 영혼은 불멸의 존재이고, 인류가 멸망할 때까지 수천 번 환생을 거듭한다고 합시다. 그렇게 두 번째 인생을 얻었을 때, (두 번째) 내가 과거의 가족, 친구를 인식조차 할 수 없다는 건 확실한 사실입니다. 왜냐하면 현재의 우리는 과거의 가족, 그리고 친구를 그들이라 인식할 수 없기 때문입니다.

영혼이 불멸한다는 것을 사실이라 생각했을 경우, 우리의 죽음은 미래에 있을 뿐 아니라 과거에도 존재하는 것이 됩니다. 그러니까 태어나기 전에 죽어 있었던 것입니다. 영혼이 불멸의 존재라면, 미래의 죽음이라는 것은 태어나기 이전의 상태로 돌아가는 것이기도 합니다. 그 경우, 우리는 영혼은 불멸한다는 인식하에 죽음의 공포를 극복할 수 있을까요. 제 경우엔 그곳에 희망은 보이지 않습니다.

• 지금을 어떻게 살아갈 것인가를
생각하는 것이 철학적 태도 •

전생을 기억하는 사람이 있기에 그 사람의 기억을 추적하는 조사가 진행되기도 합니다. 거기엔 거짓 정보가 섞여 있을 가능성이 더 크다고 생각되지만, 만약 그것이 진실인 경우, 우리는 어떻게 생각해야 할까요? 이전의 시대를 살았던 타자와의 기억을 갖고 있다는 것, 그것만으로 영혼이 불멸하다는 증거가 될 수 있을까요? 물론 그럴 리 없습니다.

과학적으로 이야기할 수 있는 건 기억이란 뇌뿐 아니라 신체 전체에 보존된다는 것입니다. 무언가의 형태로 타자의 신체 일부를 체내에 삽입한 경우, 그로부터 타자의 기억 일부가 자신의 것인 양 치환될 가능성이 있다는 것입니다.

이와 같은 미스터리한 사례는 플라나리아 실험으로 알 수 있습니다. 플라나리아는 뇌를 가진 초기 생물로 다양한 실험의 대상이 되어왔습니다. 이 플라나리아는 몸을 절반으로 잘라도, 그로부터 두 마리의 플라나리아가 재생되어 살아가는 유니크한 특징을 갖고 있습니다.[70]

이러한 플라나리아를 분해하는 실험 중에는 뇌가 위치한 상반신과 그렇지 않은 하반신을 나누어 재생 후의 기억을 확인하는 내용의 실험이 있습니다.[71] 놀라운 점은 뇌를 갖지 않은 하반신에서 재생된 플라나리아가 분해되기 이전의 기억 일부를 갖고 있었다는 것입니다. 이는 생물의 기억은 뇌 이외

---

70 이 메커니즘을 이해하면 재생 의료에 도움이 될 수 있다는 희망으로 연구가 활발하게 이뤄지고 있습니다.
71 WIRED, 〈기억은 뇌의 외부에 있다? 플라나리아의 실험으로부터 알게 된 것〉, 2013년 8월 8일.

의 부분에도 보존되어 있다는 것을 증명하는 것이겠지요.

전생의 기억이 아닌, 이렇게 타자의 기억 일부가 우연한 형태로 자신의 체내에 삽입되어버리게 되는 가능성이 있습니다. 그리고 이러한 가능성을 염두에 두었을 때, 우리가 이해할 수 없는 불가해한 존재도 정의는 할 수 없지만 설명할 수 있게 되고, 보다 납득하기가 쉬워지지 않을까 생각합니다.

많은 이야기를 해왔습니다만, 영혼이 불멸하고 재생된다는 가능성은 철학으로도 과학으로도, 부정도 긍정도 할 수 없습니다. 하지만 설령 그것이 진실이라고 해도 사랑하는 이들이 죽은 후, 그들과의 만남이 정말 우리가 사랑하는 이들과의 재회인지는 확인할 수 없습니다.

결국 사별이란, 우리의 의식 안에서 사랑하는 사람과의 이별을 의미합니다. 설령 영원한 생이 있다고 해도 그곳에서 사랑하는 사람과 함께할 수 없다면 거기에 무슨 의미가 있을까요.

하지만 그것이 틀렸을 가능성이 높다고 해도, 그럼에도 영혼의 불멸을 믿으려는 입장도 있습니다. 다만, 그 경우에는 그것이 단지 자신에게 유리하기 때문은 아니어야 합니다. 자신에게 유리하다는 이유의 믿음이란, 자기계발의 빌미가 될 위험이 크기 때문입니다.

　영혼의 불멸을 주장하는 이야기라고 해도 우주의 불가해함을 이해하려는 의지가 있다면 철학으로 성립될 가능성이 있습니다. 다만, 사후를 살아가는 사람들과 소통할 수 없는 이상, 그것의 증명이란 극도로 힘겹고 곤란하다는 점을 덧붙여 말해두고 싶습니다. 현세를 살아가고 있는 한 어떤 방법으로도 영혼의 불멸은 (우선) 증명할 수 없기 때문에 지금의 인생을 단 한 번의 기회라고 인식하는 편이 후에 후회할 일이 없습니다. 자신의 생명을 중요한 기회로 인식하고, 어떻게 살아갈 것인가를 생각하는 것이 철학적 태도인 것입니다.

05
우리의 성장과 철학의
관계(키건의 발달 이론)

•키건에 의한 발달 단계 이론•

하버드 대학의 로버트 키건 박사(교육대학원 교수)가 발의한 성인의 발달 이론이 주목을 받고 있습니다. 이는 성인의 성장을 다섯 개의 단계로 나누어 사고하는 것입니다.[72] 첫 번째 발달 단계는 언어의 획득과 그에 의한 기본적 사고가 가능

---

72 가토 요헤이, 〈왜 부하와 잘 지내지 못하는가 – 조직도 사람도 변화할 수 있다〉, 일본능률협회 매니지먼트센터, 2016년 4월 3일 기사를 참조했습니다.

한 단계입니다. '구체적 사고 단계'라 불리는 것으로, 이 책의 독자라면 어린 시절에 통과했을 것입니다. 이 단계에서는 구체적인 것을 머릿속에서 상상하며 생각하는 건 가능하지만, 형태를 갖지 않은 추상적인 것까지는 생각할 수 없습니다.

두 번째 발달 단계는 '이기적 단계'라 불립니다. 자신 외의 타자를 자신의 욕구를 채우기 위한 도구로서 사고하는 단계입니다. 타자의 입장을 고려하지 않고 어찌 됐든 자기 자신만을 생각해 사고하고 행동합니다. 성인의 약 10%가 이 단계에 머물러 있다고 알려져 있습니다. 어떤 의미에서는 지금의 자기 자신만이 진실이라 생각하기 때문에 자기계발에 잘 빠지지 않는 상태일지 모르겠습니다.

그리고 세 번째는 '타자 의존 단계'라 불리는 것입니다. 성인의 약 70%가 이 단계에서 벗어나지 못해 고생하고 있습니다. 자신의 선택을 사회나 조직의 상식에 기대려는 경향이 있고, 그런 이유로 '선택 방법론'을 제시해주는 자기계발의 주요한 타깃 층이 됩니다. 비율상 대다수이기 때문에 민주주의 사회는 이 단계 사람들의 지지를 얻기 위한 싸움이라 해도 무방하겠지요.

그리고 이 '타자 의존 단계'에 속한 사람은 중립적이라는 것을 마치 지성의 증거인 양 자신의 가치관 부재를 숨기는 구실로 삼는 경향이 있습니다. 하지만 상대주의 입장에서 생각하면, 애초 중립적이라는 건 불가능한 일이고, 그렇다고 절대주의적 측면에서도 중립이란 건 있을 수 없습니다. 중립적 입장을 자랑으로 삼는 사람을 보다 전문 용어로는 '몰개성화'라고 이야기합니다. 이들은 자기 자신을 무리 안에 감추는 것으로 생존 확률을 높이는 전략을 취하고 있다고도 볼 수 있습니다.

네 번째 발달 단계는 '자기 주도 단계'입니다. 자신의 가치관에 따라 자립한 인생을 보낼 수 있는 상태입니다. 자신의 성장에 강한 관심을 가지고 있다는 특징이 있습니다. 성인의 약 20%가 여기에 해당하며, 이 단계까지 이르면 자기계발을 보조 수단으로 이용하는 일은 있어도 효과가 없으면 깔끔히 털어내버릴 수 있고, 동시에 철학을 할 준비가 되어 있는 상태라 할 수 있습니다.

하지만 '자기 주도 단계'에 있는 사람이 명상을 하면, 자신에 대한 흥미를 잃기 마련인 명상이 오히려 역으로 작용해 스스로 정신적 고도의 상태에 있다고 느끼는, 의미불명의 우월감을 얻기 쉽다는 지적도 있습니다.[73] 그러므로 주의해야 합니다.

그리고 마지막으로 최후의 발달 단계는 '자기 변용 단계'라 불리는 것입니다. 이 단계에 도달할 수 있는 사람은 1% 이하라고 알려져 있습니다. 자신의 성장에 대해 흥미를 갖고 있지 않다는 특징이 있고, 그런 점에서 보다 철학적입니다. 자신의 가치관을 초월해 있고, 자기 자신을 타자와 동일하게 관찰할 수 있는 상태입니다. 이 책에서 이야기해온 철학자들은 이 단계에 속하는 사람의 태도를 지니고 있었다고 이야기할 수 있겠지요.

73 Gebauer, Jochen, Nehrlich, A. D., Stahlberg,D.,Sedikides,Constantine, Hackenschmidt, D., Schick, D., Stegmaie,C.A.,Windfelder, C.C., Bruk, A. and Mander, J. V. (2018), "Mind-body practices and the self: yoga and meditation do not quiet the ego, but instead boost self-enhancement." Psychological Science, 1-22.

•도움이 되지 않는다는 것을
받아들이는 게 희망이 된다•

키건의 발달 이론이 말하고 있는 건 인간은 자신에게밖에 흥미를 갖지 않는 '자기계발적' 단계부터 자신 이외의 것에 흥미를 갖게 되는 '철학적 단계'로 성장해간다는 것입니다. 그리고 이 발달 정도를 결정하는 것이 연령이 아니라는 것은 매우 중요한 포인트입니다.

현재 키건의 발달 이론은 경영학 분야에서 주목받고 있습니다. 성인의 발달 최종 단계인 '자기 변용 단계'에 이르지 못한 사람은, 조직이나 부하의 성장에 관심을 가질 수 없다는 것을 드러내고 있기 때문입니다. 심지어 키건은 '뛰어난 경영자라는 건 철학자이다'라고 말하기까지 했습니다.

그리고 이는 오래전 철학자 플라톤이 이미 '철인 정치'라는 말로 주장해온 것이기도 합니다. 플라톤은 기원전 400년경에 활약한 고대 그리스 철학자입니다. 그렇게나 오래전, 기원전 시기에 현대 사회에서 요구되고 있는 리더에 관한 사고방식이 존재했다고 생각하면 새삼 철학의 힘에 감탄하게 됩니다.

대다수(키건에 의하면 70%) 성인이 '타자 의존 단계'에 머물러 있다고 하면, 민주주의 사회는 '자기계발'의 로직을 의심하지 않는 단계에서 모든 일을 결정하고 있다는 이야기가 됩니다. 민주주의 사회는 그런 운명에 의해 중우정치(衆愚政治, 어리석은 의사 결정으로 국가의 운영이 삐걱거리는 것)로 빠지게 될 것이라는 건, 플라톤에 의해 이미 예견된 바 있습니다.

플라톤은 그러한 중우정치가 만연한 상황에서는 자신에 대한 흥미를 잃은 철학자가 독재 정치를 하는 것만이 이상적 상태를 실현하는 길이라고 생각했습니다. 하지만 그렇다고 해서 그 독재자가 '자기 변용 단계'에 속한 인물인지는 진정한 의미에서 판단할 수 없습니다. 만약 위험한 인물이 독재자가 된다면, 중우정치보다 더한 일이 벌어지리라는 건 인류 역사가 경험해온 바 그대로입니다.

그런데 여기서 의외로 간과하기 쉬운 건 기업이란 조직은 민주주의 사회가 아니라는 것입니다. 기업이란 한 표와 한 표 사이의 격차가 매우 큰 독재 사회입니다. 그리고 현실에서 지금의 사회를 움직이고 있는 건 민주주의가 아니라, 작은 독재 사회를 떠받치고 있는 다수의 기업이라는 건 다 알고 있는 사실이지요.

현대 사회를 움직이고 있는 기업에서, 출세와 키건의 발달 이론은 매우 상관관계가 크다고 할 수 있습니다. 기업의 리더는 숙명적으로 독재자이기 때문에 플라톤의 이야기가 옳다고 한다면 리더에게 철학자의 자질이 요구되는 건 당연한 것이겠지요. 그렇기 때문에 최근 많은 기업들이 키건의 발달 이론을 인재 육성에 도입하고 있는 것입니다.

또한 주변에 맞추기에 바쁜 '타인 의존 단계'의 인물이 리더가 되었을 때, 예상치 못한 사고가 벌어진다는 건 일본의 몇몇 대기업들의 대표적 실패 사례에서 확인할 수 있습니다. 그리고 극단적인 이야기지만, 자신에게밖에 흥미를 갖지 않는 '자기 주도 단계'의 인물이 리더가 될 경우, 블랙 기업이 출현하게 됩니다.

이렇게 고찰해보면, 자기계발과 철학은 근본적으로는 연결되어 있다는 걸 확인할 수 있습니다. 철학과 자기계발은 지식(현대적으로는 교양이라 불리는)을 목적으로 하는가, 수단으로 하는가, 딱 그 하나의 분기점에서 아슬아슬하게 서로 다른 영역으로 분리됩니다. 하지만 수단과 목적이라는 말 또한 인간의 욕구를 채우기 위한 수단이라는 의미에서는 동일하고, 결국 동일한 대상에 대한 다른 각도에서의 해석과 정의에 지나지 않는다고도 말할 수 있습니다.

입신양명을 욕망하지 않는 자만이 진정한 의미에서의 입신양명을 할 수 있다(그것이 입신양명의 필요조건이라는)는 건, 사실 우리에게 매우 큰 딜레마입니다. 욕구를 스스로 (거의) 컨트롤하지 못하는 이상, 출세와 명예란 역시 운에 의해 결정된다고밖에 말할 수 없습니다.

이러한 키르케고르적 절망을 받아들이고, 아주 작은 희망을 간직한 채 아무 도움도 되지 않는 것을 마음껏 즐기며 살자는 것이 이 책이 주장하는 바입니다.

도움이 되지 않는 것이야말로 우리에게 주어진 유일한 희망인 것입니다.

사회적 약자로 살아가는 것은
너와 나의 책임이 아니다 [74]

위대한 생물학자 찰스 다윈은 진화론을 확립한 것으로 유명합니다. 그런데 진화론이란 무엇일까요. 자주 듣는 익숙한 말이지만, 사실 이게 참 난감한 개념입니다. 다윈이 주목한 것은 모든 생물은 자손을 '과잉생산'한다는 사실이었습니다. 대부분의 생물은 환경이 수용할 수 있는 범위를 과도하게 초

74　간호미디어 《모두의 간호》의 연재물 제1회 〈약자에게 자기 책임을 묻는 건 잘못됐다!?〉, 2017년 6월 6일.

과해 다량의 자손을 만듭니다. 정해진 승선 인원이 넘었는데도 승객이 배에 계속 올라타는 상황을 상상해보시기 바랍니다.

정원을 넘어선 상황에서는 음식이나 생식의 기회를 두고 다툼이 발생합니다. 그리고 생존경쟁을 해야 하는 환경에서 생물은 더욱더 특정 환경에 적응하기 위해 애를 쓰겠지요. 또한 그러한 압박이 있기에 스스로 살아갈 수 있는 환경을 찾아야 한다는 필요가 생겨납니다.

하지만 이는 애초 자손의 '과잉생산'이 전제된 이야기이기 때문에 새로운 환경을 찾아냈다고 해도, 그조차 금방 정원 초과 상태가 되어버릴 것입니다. 수용 능력에 '여유' 같은 건 없다는 게 생물의 숙명인 것입니다. 현대 인류 사회에서도 아홉 명 중 한 명이 허기에 굶주리고 있다는 사실을 떠올려주시기 바랍니다.

다윈이 진화론을 통해 이야기한 것은 자손의 '과잉생산'이 생존경쟁을 낳고, (우연히) 새로운 환경을 발견해 적응할 수 있는 능력을 가진 종만이 살아남을 수 있다는 '자연도태'입니다. 하지만 그 이면에는 생존경쟁에서 패배해 환경에 적응하지 못한 탈락자가 다수 양산되고 있습니다.

여기서 주의해야 할 점은 자연도태로 인해 탈락한 사람은,

그것이 자기 책임에 의한 탈락이 아니라는 것입니다. 그저 어쩌다 자신의 능력(형질)이 살아갈 수 있는 환경을 만나지 못했을 뿐, 우연에 의한 결과인 것입니다. 진화론은 개체의 노력으로 스스로 자손의 운명을 바꿀 수 있다는 것(획득 형질의 유전)을 부정하고 있습니다.

인류에게 사회복지란 이러한 탈락자에게 손을 내미는 것에 다름 아닙니다. 진화론이 사실이라면(이를 부정하는 건 곤란합니다만), 운이 나쁜 것만으로 누구든 탈락자가 될 수 있습니다. 이에 대해 인류는 다른 생물과 달리 노력으로 운명을 바꾸어왔다고 주장하는 사람이 있습니다. 대부분의 자기계발이 이에 해당하겠지요. 하지만 그 역시 특정 분야에 흥미를 갖고 노력할 수 있는 재능(유전)을 갖고 있었다고도 생각할 수 있습니다. 오히려 진화론은 개체의 운명은 유전과 함께 환경에 의해 만들어진다고 이야기하며 발전해왔습니다.

하지만 인류도 그저 생물의 일종이란 사실을 다시 한 번 돌아봤을 때 명확해지는 사실이 하나 있습니다. 자손의 '과잉 생산'은 환경 수용 능력이 확장하고 있을 때는, 많은 개체를 행복이란 범주 안에서 받아들일 수 있다는 것입니다. 반대로 환경 수용 능력이 정체되어 있을 때는, 대량의 탈락자가 발생합니다.

고도 성장기에서 사회복지는 거의 문제가 되지 않았습니다. 그 배경엔 사회복지에 관한 지식이 부족했고 탈락자란 존재가 보이지 않았다는 이유도 있겠지요. 하지만 본질적으로는 고도 성장기에는 환경의 수용 능력이 충분히 확장돼 있었다고 생각하는 편이 타당할 것입니다.

이렇게 생각하면 왜 지금 사회복지가 다시 주목을 받고 있는지 명백해집니다. 환경 수용 능력의 성장이 둔화되어 있고, 성장은커녕 후퇴하고 있기 때문입니다. 그리고 인간의 경우, 이와 같은 상황에서의 충격은 다른 생물들보다 훨씬 클 가능성 또한 있습니다.

다른 생물의 경우, 탈락자가 된다는 건 곧 죽음을 의미합니다. 환경 수용 능력이 둔화될 경우 그건 바로 개체의 사멸로 이어지고, 그렇게 자연스레 개체의 총수가 정비됩니다. 하지만 의료, 사회복지를 발전시켜온 인류의 경우, 수용 능력이 초과 상태가 되어도 '비참한 상태인 채로 장수하는 개체'가 다수 발생하게 됩니다. 이로 인해 정원을 초과한 배 안에서조차 넓은 의미에서의 전쟁이 발생하기 쉬운 상태가 벌어지는 것입니다.

과거 1000년이라는 (생물학적으로는) 짧은 기간 안에 환경의 수용 능력은 극적으로 성장해왔습니다. 그 배경에 과학 기술의 발전이 있다는 것은 명백하겠지요. 그 성장이 얼마나 비약적이었는지를, 세계 인구의 추이를 나타낸 그래프를 통해 확인해보시기 바랍니다. 이 그래프를 보면, '왜 이렇게 현대 사회에서 인구가 급속하게 증가했을까'라고 이상하게 느끼실 분도 있을 거라 생각합니다.

구석기시대부터 현대에 이르기까지 세계 인구 추이

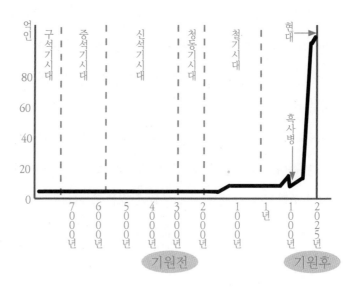

하지만 이 역시 진화론으로 충분히 설명이 가능합니다. 애초 생물이란 조금이라도 기회가 있다면 개체의 수를 환경 수용 능력의 한계치까지 단번에 늘리려 하는 성질이 있습니다. 그러므로 인구(특정 생물에 대한 개체 총수)란, 곧 그 생물이 적응해 살아가는 환경의 수용 능력을 가리키는 숫자이기도 한 것입니다.

그렇다면 기본적으로 '과잉생산'하도록 프로그램되어 있는 생태계에 저출산이란 현상이 나타나는 건 무엇을 의미하는 걸까요. 개인적으로 저출산의 원인은 일반적으로 이야기하는 만혼화나 맞벌이의 증가 때문이 아니라고 생각합니다. 생물의 저출산은 환경의 수용 능력이 한계치에 달해 성장이 둔화되기 시작할 때부터 생겨납니다. 즉 저출산이라는 건 탈락자가 현저하게 늘어날 것이라는, 미래를 예언하는 사인에 다름 아닌 것입니다.

선진국에서는 어느 나라 할 것 없이 저출산 상태가 유지되고 있습니다. 그리고 이건 급속도로 발전하는 과학기술이 더이상 환경 수용 능력 확대에 도움이 되지 않는다는 것을 의미합니다. 오히려 인공지능과 같은 신기술의 등장은 인류로부터 생활 기반에 관계된 일감을 빼앗아갈 뿐 아니라, 수용 능력의 저하를 부추길 것 같은 예감이 듭니다.

그리고 이와 같은 상황에서 선진국의 수용 능력 성장이 둔화되기 시작하면, 앞으로 예상할 수 있는 건 자연도태의 현저화입니다. 심지어 인류의 경우, 이는 다른 생물과 같이 개체 수 정비의 계기가 아니라, 생존경쟁의 격화, 그리고 그로 인한 전쟁으로 드러나게 될 가능성이 큽니다.

저출산이라는 건 병이 발병했을 때 표면에 드러나는 증상과 같은 것입니다. 두통이 있다고 해서 모두 두통약으로 해결되지는 않습니다. 그 바닥에는 뇌졸중과 같은 무서운 병이 숨어 있을지도 모릅니다. 저출산 또한 단순히 아이를 원하지 않는다는 두통으로 바라볼 것이 아니라, 인류가 멸망하고 있다는, 위험이 큰 뇌졸중의 증상으로 인식해야 할 필요가 있는 것입니다.

달리 말하면 저출산에서 보이는 현대 사회의 병이란, 환경의 수용 능력이 저하되고 있다는 것입니다. 이 성장이 극적으로 개선되지 않는 한, 21세기는 침략과 전쟁의 시대가 되어버립니다. 여기서 '나는 도망쳤다'고 안심하고 있는 부유층은, 인류사적으로 침략의 타깃이 된다는 점을 각오해야 하겠지요.

이를 피하기 위해 생각해볼 수 있는 방법은, 첫째 과학기술 개발의 방향을 환경 수용 능력의 향상으로 전환하는 것입니다. 하지만 이미 인류와 그 가축의 총량은 야생동물의 다섯 배이며, 그건 전체의 약 84%를 차지한다고 앞에서 이야기했습니다. 또한 화성으로의 이주(테라포밍)가 현실화되기에는 앞으로 1000년은 더 필요합니다(화성에 강렬한 온실효과 가스를 방출하는 위성을 보내는 것으로 시기가 좀 더 단축될 가능성은 있습니다만).

그렇다면 인류에게 남아 있는 나머지 하나의 가능성, 대량 사멸을 막기 위한 방법은 단 하나밖에 없습니다. 그건 부(富)의 분배 비율을 철저히 높여 사회복지를 지금보다 훨씬 높은 수준으로 끌어올리는 것입니다. 기존의 모든 중간 착취 구조를 철폐하고, 노동력을 환경 수용 능력 향상에 도움이 되는 쪽으로 재배치하는 것입니다. 여기서 필요한 것은 그야말로 인류 사회의 진화라 할 수 있을 것입니다.

이러한 것들이 꿈나라 이야기처럼 들릴지 모르겠습니다. 하지만 '그렇게 하지 않으면 대량 사멸이 일어난다'는 건 진화론의 입장에서는 비약을 위한 조건이 되기도 합니다. 자연 도태라는 위험이 크면 클수록 진화가 시작되기 쉬운 환경이라 볼 수 있기 때문입니다.

다행인지 불행인지 인류의 평균 수명은 이론상 120세 정도에 정체되어 있습니다(130미터까지 성장할 수 있는 나무의 예와 매우 비슷하네요). 수용 능력을 개선할 수 있다면, 21세기를 희망의 시대로 만들어갈 가능성은 충분히 남아 있는 것입니다.

일본은 세계 어느 나라보다 일찍 인구 소멸이 시작되었고, 저출산 고령화가 진행되고 있는 나라입니다. 그리고 그건 곧 사회를 진화시킨다는 점에서 무대 주역의 위치에 서 있다는 것이기도 합니다. 그렇기에 일본이야말로 위기에 대한 대응책을 세계에 제시하게 될 것이라는 점을 자각하지 않으면 안 됩니다. 미래의 역사학자들은 분명 일본이 지금의 이 위기를 어떻게 대응해갔는지 기록하겠지요(미래에 인류가 멸망하지 않았다는 경우에 한정된 이야기입니다만).

어찌 됐든 확률적으로 우리의 많은 수는 사회적 약자가 됩니다. 하지만 그건 자기계발을 하기 위한 이유가 아니라, 진화론적 운의 문제입니다. 그 결과에 일희일비하는 건 무의미한 일이고, 자기계발이 그 결과에 영향력을 발휘한다는 것 또한 있을 수 없습니다. 그저 이야기할 수 있는 건 철학만이 그 슬픔을 치유할 힘과, 어쩌면 인류의 과제 해결책을 위한 힌트를 보여줄지 모른다는 것입니다.

마치며

제가 초등학교 6학년 무렵 부모님이 이혼을 했습니다. 제겐 매우 슬픈 기억이라 지금도 당시를 떠올리면 종종 울고 싶어질 때가 있습니다. 아무튼 어느 날 이후부터 저는 엄마와 저, 이렇게 단둘이 살았습니다. 중학교 때는 방황도 해 많은 사람에게 피해를 끼치기도 했습니다. 그런 탓인지 어머니는 정신적 질환을 앓으셨고, 제가 스무 살이 되던 해 간병을 필요로 하는 상태까지 되었습니다.

그로부터 26년이 지난 지금, 어머니의 간병은 오늘도 계속되고 있습니다[지금은 '간병' 필요 5(일본 간병보험제도에 의한 간병이 필요한 정도를 나타내는 요간병인정의 단계. 5는 가장 심각한 상태를 가리킨다-옮긴이)]. 그럼에도 저는 주위 동료들의 도움을 받아 일과 간병을 병행하는 경우를 지원하는 회사를 설립했고 매일매일 바쁜 하루를 보내고 있습니다.

이 책을 집필하며 인생을 되돌아보았습니다. 저는 이성으로는 도저히 감당할 수 없는 인생의 어려움에 대해 생각을 하게 됐습니다. 마음을 가다듬고 생각해보면, 제 인생 중 스스로 선택한 일이 너무 적다는 사실에 아연하기도 합니다. 스스로 선택했다고 생각되는 일도 철학적으로 바라보면 대부분 환경에 의해 주어진 것이기 때문입니다.

부모님이 이혼을 했다고는 하지만, 저는 충분히 사랑을 받으며 살았다고 실감합니다. 부모님의 일이 출판 관계인 덕분에 책에 둘러싸인 어린 시절을 보냈습니다. 친척들의 사랑도 많이 받았고, 뛰어난 스승, 상사와 만났으며, 좋은 친구들의 도움도 많이 받아왔다고 느낍니다.

이렇게 이 책을 쓰게 된 이유도 가볍게 자신의 의견을 표현할 수 있는 블로그가 일본에서 인기를 끌었기 때문입니다. 당시의 저는 우연히 받은 제안을 계기로 네덜란드에서 살고 있었습니다. 순전히 저 스스로 네덜란드를 선택해 그곳에 갔던 것이 아닙니다.

제 블로그는 네덜란드의 소식을 발신한다는 것만으로 유니크한 존재가 되었고, 독자를 끌어들이는 것도 비교적 용이했습니다. 그렇게 독자가 늘고 리액션이 있다는 사실에 표현 욕구를 느껴, 집필이란 난문에 돌입하게 되었습니다. 그리고 집필한다는 것, 그 행위의 즐거움을 알게 되었습니다. 하지만 사실 그 블로그조차도 당시 사진 블로그를 운영하던 친구의 권유가 있었고, 어떻게든 그냥 시작해봤을 뿐입니다.

한 권의 책으로 만들어진 《시작하는 과장의 교과서》(2008년)를 쓰게 된 건 네덜란드에서 겪었던 일본과 네덜란드의 차이 때문입니다. 그 책에서 저는 일본에서는 당연한 듯 존재하는 능력 있는 중간 관리직이 미국과 유럽 쪽에서는 전혀 찾아볼 수 없는 존재이고, 그런 이유에서 중간 관리직이 일본의 강점일 수 있다고 이야기했습니다. 물론 이건 제가 일본 기업에 근무했을 당시, 뛰어난 중간 관리직과 많이 접해본 경험이 있었기에 할 수 있었던 이야기입니다. 또한 네덜란드에 거주했을 때 유럽 및 미국의 여러 곳을 순회하는 업무를 위탁받았던 일도 이 책을 쓰는 데 있어 도움이 된 환경이었습니다.

이 책은 단기간에 베스트셀러가 되어 아시아 각국에서 번

역되었습니다. 베스트셀러가 될 수 있었던 건 당시 압도적 독자 수를 자랑하는 서평 블로거 고가이탄 씨와 비즈니스 도서 서평가로 유명한 도이 에이지 씨가 이 책에 대해 호의적인 서평을 써주셨기 때문이기도 합니다.

한번 베스트셀러 작가가 되면, (어느 정도는) 저자 마음대로 쓰고 싶은 책을 쓸 수 있게 됩니다. 그리고 저는 지금까지 '같은 테마로는 책을 쓰지 않는다'라는 룰을 스스로 정해 경영서부터 과학서까지 스무 권이 넘는 책을 출판하고 있습니다. 출판사 쪽도 제가 '같은 테마의 책은 쓰지 않는다'는 것에 대해 이해해주는 덕분에 매번 다른 주제의 집필 의뢰가 들어옵니다.

이 책이 이렇게 완성되게 된 것도, 어쩌다 저의 친한 친구가 자기계발의 세계에 빠져버려 몹시 힘든 일들을 겪은 사건이 있었기 때문입니다. 그리고 포레스트출판이라는 자기계발 분야로 유명한 출판사가 자기계발을 부정하는 책을 만들게 된 것도, 편집자가 우연히 저와 같은 문제의식을 갖고 있었기 때문이라고밖에 말할 수 없습니다. 포레스트출판은 분명 '당신들이 할 얘기는 아니지'와 같은 비난을 받게 되겠지요. 그럼에도 이 책을 출판하기로 결심해주었다는 건 포레스트출판에는 철학이 살아 있다는 것이겠지요.

물론 이 책의 출판 여부를 놓고 회의에서 많은 논쟁이 있었을 거라고 생각합니다. 그 험난했을 의사 결정에 저는 아마 야마구치 슈(사회, 인문 분야 연구자. 본인은 스스로를 지식 큐레이터라 부른다-옮긴이) 씨가 불을 지핀 근래의 철학·교양 붐의 영향이 있었을 거라 짐작합니다. 야마구치 씨는 저의 절친한 친구이자, 저와 술을 마시며 철학에 관해 논하는 상대이기도 합니다. 제가 철학에 대해 무언가 써보고 싶다는 욕구를 갖게 된 것도 야마구치 씨와의 관계가 있었기 때문입니다.

하지만 이러한 과거의 '운'들이 저의 성격이나 행동으로 만들어진 것은 아닙니다. 성격이나 행동 대부분은 유전자로 이미 결정되어 있고, 성격과 행동에 영향을 끼치는 것은 환경이란 사실이 대부분 증명되어 있기 때문입니다. 그리고 지금까지 운이 좋았다고 해서 앞으로도 좋을 거라고 말할 수 없고, 당장 내일 무슨 일이 벌어질지는 모릅니다. 특히나 일본이 점점 좋지 않은 상황으로 치닫고 있는 만큼, 저 역시 다른 사람과 마찬가지로 힘든 경험을 하게 되겠지요. 또한 한 사람의 인생이란 재해와 같은 단 하나의 거대한 사건으로도 쉽게 무너져내릴 만큼 취약하다는 걸 우리는 이미 많은 경험을 통해 알고 있습니다.

오늘의 '나'는 스스로의 선택으로 존재하는 것이 아닙니다. 그렇기 때문에 '되고 싶은 내가 된다'는 것은 기본적으로 불가능합니다. 계획대로 커리어를 발전시켜온 성공한 사람의 예는, 실은 존재하지 않을 것입니다.

우리는 그저 거대한 바다를 떠도는 나무 이파리와 같은 존재에 지나지 않습니다. 취업 활동을 하는 젊은 세대조차 자기 분석을 해야 하는 시대에, 우린 사실 절망을 이미 알아차리고 있는지도 모릅니다. 다만, 우리에게 '아무것도 없다'는 절망은 자기계발에 빠지게 되는 위험한 원인임과 동시에 철학의 원점이기도 합니다.

마지막으로, 한 가지 재미난 사실이 있습니다. 우리가 '되고 싶은 나'가 되는 일은 불가능하지만, 우연히 타자의 환경 속의 일부가 될 수는 있다는 것입니다. 일반적으로 '우리는 타자를 바꿀 수는 없지만, 스스로를 변화시킬 수 있다'고 이야기합니다. 하지만 그건 거짓말입니다. 정확하게는, '우리는 타자를 바꿀 수 없지만, (바꾸려는) 의도 없이 타자의 환경 속에 있게 된다면 (자신을) 바꿀 수 있다'는 것이 진실입니다.

지금의 저를 만든 것은 우연히 갖게 된 만남 속 타자의 존재이고, 아무리 생각해도 그건 사람을 둘러싼 운입니다. 이와 마찬가지로, 저 역시 다른 누군가의 환경으로서 사람들을 변화시켜왔다고 생각합니다.

이 책의 존재가 당신의 환경 속 일부로서 당신 내면의 무언가를 변화시키는 일에 공헌할 수 있다면, 저자로서 그만한 행복은 없습니다. 그리고 그 변화가 당신의 인생에 있어 좋은 방향이기를 마음속 깊이 기도하는 바입니다. 또한 괜찮으시다면 이 책에 대한 감상을 들려주시기 바랍니다(아마존이나 블로그 등의 서평이든, 출판사에 보내는 편지이든, 어떤 형식이든 괜찮습니다). 그 감상은 그야말로 저에게 있어 새로운 '환경' 이 되어줄 것이기 때문입니다.

2019년 2월 포켓몬 놀이를 하는 아들을 돌보면서
사카이 조

자기계발은 집어치우고 당장 철학을 시작하라

초판1쇄 인쇄 2022년 9월 19일
초판1쇄 발행 2022년 10월 5일

지은이 | 사카이 조
옮긴이 | 정재혁
펴낸이 | 한상철
펴낸곳 | 파르페북스

주 소 | 인천광역시 서구 도요지로 202번길 10-8, 502호
전 화 | 070-4413-2257
팩 스 | 032-232-3305
이메일 | parfaitbooks@naver.com
인스타그램 | instagram.com/parfaitbooks
네이버 포스트 | post.naver.com/parfaitbooks

출판등록 | 제 2019-000011 호

ISBN 979-11-971718-5-7 (03190)